La nave de los libros

CW01665255

Lecturas 5

Proyecto Los Caminos del Saber

SANTILLANA

La nave de los libros para 3.º de PRIMARIA es una obra colectiva concebida, diseñada y creada en el departamento de Ediciones Educativas de Santillana Educación, S. L., dirigido por **Antonio Brandi Fernández**.

TEXTOS ORIGINALES

Fernando Almena, Pep Castellano, Inmaculada Díaz, Dolores Espinosa, Carmen Gil, Francesc Gisbert, Antonio A. Gómez Yebra, Manuel Jurado, Enric Lluch, Elena O'Callaghan i Duch, Rafael Ordóñez Cuadrado, Mar Pavón, Ana Rossetti, María Sanz y Ayes Tortosa

TEXTOS ADAPTADOS

Asunción Honrado, Sagrario Luna, Concepción Romero y Leonor Romo

ILUSTRACIÓN

Laura Súa / José Manuel Córdoba, Jesús Aguado, Felipe López, Cristina Losantos y Manuel Uhía

EDICIÓN

Maite López-Sáez y Sagrario Luna Rodríguez

DIRECCIÓN DEL PROYECTO

Maite López-Sáez Rodríguez-Piñero

Presentación

La nave de los libros es un nuevo proyecto editorial que nace con el propósito de universalizar la lectura y convertirla en el eje fundamental del aprendizaje, tanto en el aula como fuera de ella. Se trata de una completa colección de libros para cada curso de Primaria, que propone un encuentro con la lectura en todos los ámbitos de la vida de los niños y niñas: lecturas para la escuela, lecturas para compartir en familia, lecturas para escuchar antes de dormir, lecturas para disfrutar en solitario...

Una de las piezas básicas de este proyecto son los **libros de lectura para el aula**, que están destinados a ocupar un tiempo esencial en la jornada escolar: **la hora de la lectura**. Para cada curso se ofrece un libro práctico, atractivo y bien organizado, estructurado en **15 unidades** al igual que los libros de texto, con el fin de pautar y facilitar su uso.

Nuestra ilusión es despertar en los alumnos el deseo de leer, a través de textos de gran calidad, amenos e imaginativos, adaptados a su capacidad lectora y a sus intereses, y que aportan, además, valores universales para contribuir a su formación integral. Todos ellos van acompañados de **actividades de comprensión**, que permitirán desarrollar la competencia lectora de los alumnos, a la vez que se favorece la creación de vínculos afectivos con la literatura y el descubrimiento de las infinitas posibilidades de la lengua como instrumento de expresión.

La nave de los libros 3, destinado al tercer curso de Primaria, incluye diferentes tipos de textos:

- **Narraciones actuales**, escritas expresamente para este proyecto por autores con una larga experiencia en el mundo de la literatura infantil.
- **Otras narraciones breves:** cuentos populares, cuentos de otras culturas, leyendas, fábulas, relatos históricos...
- **Poesías**, tanto de carácter narrativo como de naturaleza lírica.
- **Teatro** para leer y teatro para representar.

La nave de los libros es el nuevo proyecto de lectura de Santillana.

Un proyecto para aprender leyendo.

Un proyecto para disfrutar leyendo.

Porque leyendo podemos llegar muy lejos.

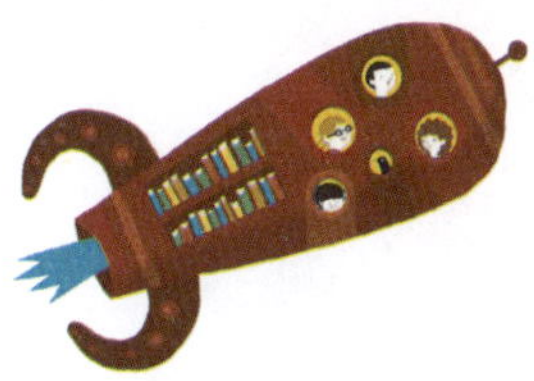

Índice

Destrezas de comprensión lectora

DESTREZAS	UNIDADES														
	1	2	3	4	5	6	7	8	9	10	11	12	13	14	15
Reconocimiento del tiempo y del lugar			*	*	*	*	*				*	*		*	*
Identificación y análisis de los personajes	*	*	*	*	*	*	*	*	*	*	*	*	*	*	*
Reconocimiento de la secuencia temporal		*				*		*			*	*		*	
Reconocimiento de la acción	*	*	*	*	*	*	*	*	*	*	*	*	*	*	*
Identificación de detalles	*			*	*	*	*	*	*	*			*		
Reconocimiento de las partes de la historia		*	*					*	*		*		*	*	*
Expresión de opiniones				*	*		*	*		*		*			*
Implicación personal	*		*		*	*	*	*	*		*			*	*
Identificación de recursos poéticos básicos	*		*		*		*		*		*		*		*

1 UNIDAD UNO. NARRACIÓN

El trabajo de papá

La señorita Amelia nos ha dado una ficha para que la rellenemos con nuestro nombre, dirección, teléfono, fecha de nacimiento, los hermanos que tenemos… También le interesa saber a qué se dedican nuestros padres. Yo he completado con facilidad el apartado «Profesión de la madre». Mi madre es enfermera. Pero no he podido responder a «Profesión del padre».

Es difícil contestar a eso, porque mi papá es... brujo. No miento. Es lo que pone en su tarjeta de visita: Tomás Aranda Muñiz. BRUJO.

Y es que es un Buscador y Reciclador de Ungüentos, Jarabes y Objetos.

Dicho así suena raro, ¿verdad? Y más de uno pensará que mi padre, simplemente, es un chatarrero, es decir, un señor que recoge objetos inservibles y luego los vende; pero no.

Es cierto que mi papá busca cosas, pero son cosas especiales. Como aquella ocasión en la que encontró un pensamiento triste vagando por la calle. Era tan triste que, cuando pasaba al lado de una farola, dejaba la calle a oscuras. Mi papá lo atrapó y lo guardó en un libro de chistes. ¡El pensamiento se divirtió tanto que se convirtió en carcajada! Mi padre se la regaló a doña Remedios, la vecina del 2.º, que siempre andaba quejándose. Ella se puso tan contenta que bajó las escaleras a la pata coja. Un chatarrero no hace estas cosas, ¿a que no? Las hace un brujo.

El mes pasado, papá trajo a casa un viejo ventilador, se encerró en el salón y oímos como martilleaba, cortaba y **soldaba**. Al cabo de un rato nos llamó y nos pidió que nos sentáramos en la alfombra con sombreros y gafas de sol.

–¿Sabéis alguna palabra mágica? –nos preguntó.

–¡Abracadabra! –dijo mi madre.

–¡Espantajáparos! –añadió mi hermana pequeña.

–¡Sin, sin, sabalín! –grité yo con todas mis fuerzas.

–¡Fantástico! –dijo papá–. Ahora, cogeos las manos y, con los ojos cerrados, decidlas todas seguidas.

–¡Abracadabraespantajáparossinsinsabalín! –dijimos todos a una.

Entonces sentimos que la alfombra despegaba del suelo y salía por la puerta de la terraza con nosotros encima. ¡Mi padre había construido una alfombra voladora!

Volamos hasta una montaña muy alta y merendamos junto a un lago. Pero a la hora del regreso se nos planteó un pequeño problema. Había anochecido y la alfombra carecía de luces. ¿Cómo íbamos a encontrar el camino de regreso en la oscuridad?

Mi padre salió corriendo con la pamela de mi madre. Cuando regresó, volcó el contenido de la pamela sobre la alfombra y miles de luciérnagas iluminaron la noche. ¡Ya teníamos luz para el viaje! Las luciérnagas nos acompañaron hasta el barrio y, tras comprobar que ningún vecino nos veía, aterrizamos en nuestra terraza. Fue una gran aventura.

---

soldaba: unía fundiendo algún material.

Pero, tal vez, la mejor especialidad de mi padre es la elaboración de jarabes. Ha inventado un jarabe multisabores genial. Con una sola cucharada te entran unas ganas enormes de estudiar.

También ha fabricado una pomada para los pies. Es fosforescente y, cuando te la untas, corres como un rayo. Podrías ganar todas las carreras en las Olimpiadas, pero mi padre dice que eso sería hacer trampa. En cambio, sí que les ha regalado pomada de pies a algunos abueletes del barrio. ¡Qué contentos se han puesto todos! Tan contentos como don Ramón el día que mi padre le dio un crecepelo que había inventado. Don Ramón, que era completamente calvo, vio que le nacía un pelo ondulado que le llegaba hasta la cintura. Él se lo recogió en una coleta y se fue a la plaza del pueblo a presumir. No le importó en absoluto que su nueva melena fuese de un brillante color verde esmeralda.

Como ves, mi padre trabaja muchísimo y hace cosas geniales, pero la señorita Amelia no me cree. Dice que mi padre no puede ser brujo y está segura de que yo, simplemente, soy un mentiroso.

Inmaculada DÍAZ

Actividades

1. ¿Quién cuenta la historia? Copia.

La esposa del brujo. | La hija del brujo. | El hijo del brujo.

2. ¿Cuál de estos apartados de la ficha no pudo rellenar?

✓ Nombre.
✓ Dirección.
✓ Teléfono.
✓ Fecha de nacimiento.
✓ Lugar de nacimiento.
✓ Número de hermanos.
✓ Profesión del padre.
✓ Profesión de la madre.
✓ Profesión de los abuelos.

3. Escribe todo lo que sepas sobre este personaje.

4. ¿Qué productos son? ¿Para qué sirven? Explica.

5. ¿Cómo está hecho este invento? Explica. Luego cuenta el viaje de la familia.

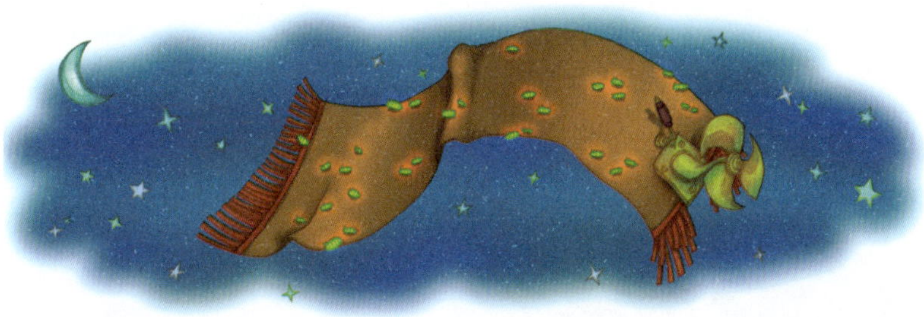

6. ¿Qué te gustaría ser de mayor? Haz una tarjeta de visita con tu nombre, tu profesión, tu dirección y tu teléfono.

Noche

¡Qué noche tan buena!
Con la luna llena,
en la oscuridad
tengo claridad.

La noche templada
llega a mi almohada,
dejando pequeño
mi más bello sueño.

La luna se ha ido
cuando me he dormido.
¡Qué noche tan corta!
Pero no me importa,
porque el nuevo día
hará que sonría.

María SANZ

El grillo

Ese grillo negro brilla
entre la hierba amarilla
que se acuesta.
Es la época de trilla
y el grillo chilla que chilla,
en la hora de mi siesta.

–¡Calla, bicho! ¡Si te pillo,
te voy a hacer picadillo!
¡Ya verás!
Pero el precavido grillo
enmudece cuando chillo
y luego alborota más.

Aunque el grillo es tan pequeño,
su cricrí me roba el sueño.

Antonio A. GÓMEZ YEBRA

El verbo cantar

Yo canto, tú cantas,
él canta también,
cantamos, cantáis
sentados, de pie.

En el coro cantan
–uno, dos y tres–,
tres niños solistas
con acento inglés.

Los que hacen gimnasia
con don Rafael
cantan al derecho,
cantan al revés.

El verbo cantar
–has podido ver–,
con algo de música
puedes aprender.

Manuel JURADO LÓPEZ

Taller

1. Vuelve a leer los cuatro primeros versos del poema *El verbo cantar*. Luego completa cada grupo de versos con uno de estos verbos.

El verbo saltar

Yo salto, tú ______________,
él ______________ también,
____
una y otra vez.

saltar
jugar
leer
correr

El verbo ____________

Yo ____________, tú ____________,
él ______________________,
____
con mucho interés.

2. Escribe lo que se cuenta en el poema *El grillo* como si te hubiese sucedido a ti.
Puedes empezar así:

Una siesta accidentada

Una tarde de verano muy calurosa me puse a leer un rato. Cuando me estaba quedando dormida…

El dragón más feroz

Era verde, muy grande y causaba pavor, terror, horror, miedo y respeto. Era un enorme dragón que volaba sobre los bosques, las montañas, los ríos y los pueblos. Cuando se aburría, se acercaba a las personas, que corrían como locas al verlo y lanzaban gritos de pavor. Aunque de vez en cuando le ofrecían vacas, ovejas o pollos para calmarlo.

–Marcelo, nuestro dragón, es el más fiero de todos cuantos existen. Puede comerse dos vacas –explicaba Tontuelo.

–De eso nada –contestaba Tontolino–. Marcelino sí que es un dragón terrorífico. Vuela de noche y con sus llamas ilumina el pueblo entero.

–Es que vuestros pueblos son muy pequeños –añadía entonces Tontolox–. Ni Marcelo ni Marcelino son dragones de categoría. El verdadero dueño del terror es Marcelox, el dragón de mi pueblo.

–¡Vaya, vaya! ¡Qué tontería! –decía entre risas Tontol–. Vosotros no conocéis a Marcel, el auténtico dragón salvaje. Si lo vierais comerse de un tirón catorce ovejas, entonces sí sabríais qué es el terror.

Esta conversación podía oírse en el mesón El Cuervo Rojo, el lugar en el que coincidían los cuatro pastores que presumían de que su pueblo sufría como ninguno los ataques de la fiera más despiadada del mundo.

–Nosotros le damos dos vacas al mes a Marcelo –seguía diciendo Tontuelo–. Aunque, a veces, tenemos que añadir gansos, ovejas o corderos.

–Eso no es nada –fanfarroneaba Tontolino–. Yo he visto a Marcelino devorar cuarenta canastas de manzanas, sin pelarlas ni nada.

–¡Manzanas! –intervenía Tontolox–. Al lado de Marcelox, ese dragón es una lagartija. ¡Él se come ochenta panes y ocho tartas sin respirar!

–¿Y eso es terrible? ¿Que un dragoncete se coma unos panes y unas tartas o unas manzanas os da miedo? –preguntaba irónico Tontol–. ¡Tendríais que ver a Marcel devorando corderos y más corderos!

Los cuatro siguieron discutiendo y presumiendo del dragón que arrasaba su pueblo. Todos defendían que el suyo era el mejor. Bueno, en este caso, el peor, pues de lo que se enorgullecían era de tener que sufrir al dragón más cruel y más tragón.

La discusión podría haber continuado si no hubiese intervenido el mesonero, que, harto de tanta palabrería, dio una palmada y dijo:

–¿Y no sería mejor comprobar lo que decís? ¿Por qué no los juntamos y vemos cuál es realmente el peor? Yo actuaré como jurado…

Entonces, Tontuelo miró a Tontolino. Luego, Tontolox miró a Tontol. Los cuatro dudaron. Hasta que, tras unos segundos, Tontolino dijo:

–De acuerdo.

–Bien, para atraer a los dragones –prosiguió el mesonero–, traeréis al prado dos vacas, cuarenta canastas de manzanas, ochenta panes, ocho tartas y tres corderos. Así podremos saber cuál es el dragón más fiero.

Los pastores lo pensaron un rato y finalmente aceptaron. ¡El honor de sus pueblos estaba en entredicho!

Dos días después, los vecinos de los cuatro pueblos acudieron en masa al prado para demostrar que su dragón era el más cruel.

Colocaron las vacas, las ovejas, los panes, las tartas y las manzanas y esperaron… Mientras, miraban al cielo, porque querían ser los primeros en anunciar a los demás la llegada de su dragón.

Al cabo de un rato, una enorme figura surgió detrás de las montañas. Batía el aire con sus poderosas alas y, en un instante, se posó delante de la comida. En tres bocados se lo zampó todo. Luego, el terrible monstruo, con la barriga llena, se tumbó a descansar.

–¿Veis como Marcelino es un tragón? –dijo Tontolino.

–Pero si no es Marcelino… ¡Es Marcel! –exclamó Tontol.

–¡Ese dragón es Marcelox! –añadió Tontolox.

–De eso, nada –interrumpió Tontuelo–. ¡Es Marcelo!

Y, de nuevo, los cuatro pastores se pusieron a discutir. Pero esta vez también se unieron los vecinos de los cuatro pueblos. Con tanto griterío, el dragón se incorporó, miró molesto al público allí reunido y, aunque tuvo ganas de lanzarle una llamarada, levantó el vuelo y se marchó, dejando tras de sí una nubecilla de humo de color violeta.

Los pastores se miraron sin decir nada. Entonces, el mesonero, sonriendo, les dijo solemnemente:

–Ha quedado demostrado que vuestro dragón es el más tragón y, por supuesto, el más fiero.

Rafael ORDÓÑEZ CUADRADO

Actividades

1. Contesta.

- ¿Sobre qué discutían los cuatro pastores?
- ¿Quién intervino en la discusión de los pastores?
- ¿Qué les propuso?

2. Relaciona el nombre de cada pastor con el de su dragón y escribe.

✓ El dragón del pueblo de Tontuelo es ____________

✓ El dragón del pueblo de Tontol es ____________

✓ El dragón del pueblo de Tontolox es ____________

✓ El dragón del pueblo de Tontolino es ____________

3. ¿Cuántos dragones creían los pastores que había? ¿Cuántos había en realidad? Lee y contesta.

4. ¿Qué hizo el dragón? ¿Qué pasó a continuación? Observa y explica.

5. ¿Qué crees que dirían los cuatro pastores al darse cuenta de que se trataba del mismo dragón? Inventa y escribe.

Un buen bocado

Tres campesinos fueron un día al mercado de la ciudad para vender sus productos. Cuando acabaron, era ya demasiado tarde para volver a sus casas. Por eso, se dirigieron hacia la **posada**, dispuestos a tomar una buena cena y a descansar de la dura jornada.

–La posada está llena –dijo el posadero–, pero intentaré buscaros un sitio para los tres. Lo malo es que para cenar solo me queda esta pequeña hogaza de pan.

Los campesinos se quedaron muy contrariados. ¡Con el hambre que tenían...! Cuando uno de ellos estaba a punto de partir la hogaza en tres trozos, el campesino más astuto dijo:

–¡No! No la repartas. Ahora no tocaremos nada. Mejor, haremos un trato: nos vamos a dormir, y el que en sueños consiga viajar al lugar más lejano se tomará la hogaza entera en el desayuno.

A todos les pareció una buena idea, así que guardaron el pan y se fueron a dormir.

El campesino astuto esperó a que los otros se durmiesen, luego se acercó a la hogaza de pan sin hacer ruido... ¡y se la comió! ¡Mmmm! El pan estaba delicioso, con aquella miga tan tierna y la corteza bien tostada... Tras el banquete, el campesino se quedó dormido.

A la mañana siguiente, con el primer canto del gallo, los tres hombres se despertaron.

–¡He dormido como un tronco! –dijo uno de ellos–. Y he soñado que realizaba un largo viaje hasta llegar… ¡a la China!

–¡La China! Me parece demasiado cerca. Yo soñé que me iba al fin del mundo en barco –replicó el segundo.

Entonces, el campesino astuto, que hasta ese momento había permanecido en silencio, dijo:

–Veréis, amigos… El caso es que yo soñé que os habíais ido muy lejos y que, por tanto, tardaríais mucho tiempo en volver. Así que pensé que la hogaza podía ponerse dura y… bueno, pues… ¡me la comí!

Y colorín colorado…

posada: establecimiento en el que se alojan viajeros; hostal.

Actividades

1. Contesta.

- ¿Qué les dio el posadero a los tres campesinos para cenar?
- ¿En cuántos trozos iban a partir la hogaza? ¿Por qué no la partieron?
- ¿Qué trato propuso el campesino astuto a sus compañeros?
- ¿Qué hizo cuando sus compañeros se durmieron?

2. ¿Qué respondió el campesino astuto a sus compañeros? Lee y explica.

3. ¿Qué le dirían al campesino astuto sus dos compañeros al final del cuento? Inventa y escribe la continuación de esta historia.

UNIDAD **DOS.** CUENTO INDIO

Un largo paseo

Nube Blanca era una joven india curiosa y muy inquieta. Le encantaba alejarse sola de su poblado y descubrir lugares nuevos.

Esa mañana hacía un día radiante y Nube Blanca recorrió caminos, correteó por sendas que atravesaban el bosque, bajó la pendiente de una colina... Estaba disfrutando tanto que el tiempo se le pasó muy deprisa y empezó a sentir hambre.

Como no llevaba **provisiones**, decidió regresar al poblado. Estaba a bastante distancia y le esperaba una larga caminata sin nada que llevarse a la boca.

El calor apretaba y la joven eligió un sendero que discurría a orillas de un río. ¡Qué agradable era el frescor que le proporcionaba el agua!

Mientras avanzaba contemplando la corriente del río, Nube Blanca se llevó una gran sorpresa: dentro de aquellas cristalinas aguas había unas hermosas frutas rojas. Nunca antes había visto frutos en el río. ¡Mmmm! Parecían tan jugosos... A la joven se le abrió aún más el apetito, así que interrumpió su marcha y, muy decidida, se lanzó al agua dispuesta a recoger la fruta. Pero, por más que braceaba intentando, a tientas, coger los frutos rojos que había visto, no conseguía siquiera rozarlos.

Cuando se quedó sin aire, Nube Blanca salió a la superficie y respiró profundamente. Una vez recuperada del esfuerzo, vio de nuevo, muy cerca, los apetitosos frutos rojos... Entonces tomó aire, volvió a zambullirse, extendió sus brazos y empezó a manotear. Pero todo fue en vano.

Sin poder aguantar más la respiración, salió otra vez a la superficie. Estaba jadeante... La joven, con la boca abierta, levantó la cabeza hacia el cielo para llenar de aire sus pulmones, abrió los ojos y...

¡No podía creerlo! ¡Casi estaban al alcance de su mano! ¡Sobre su cabeza colgaba una rama cuajada de ciruelas rojas!

–¡Qué tonta he sido! Lo que veía dentro del agua era solo el reflejo de esos frutos –exclamó la muchacha.

Nube Blanca salió del río, recogió varias ciruelas y empezó a comérselas allí mismo. Estaban deliciosas y le supieron a gloria. A continuación, llenó de frutos la bolsa de cuero que siempre llevaba con ella y reanudó el camino de regreso a casa.

provisiones: conjunto de alimentos que se guardan por si se necesitan.

Actividades

1. Contesta.

- ¿Cómo era Nube Blanca? ¿Qué solía hacer?
- ¿Por qué decidió volver al poblado aquella mañana?
- ¿Qué sendero eligió para regresar? ¿Por qué?

2. ¿Qué ocurrió entre estas dos escenas? Observa y explica.

① 

② 

3. ¿Qué hizo Nube Blanca cuando salió del río? Cuenta el final de la historia.

4. Inventa cómo contaría Nube Blanca a sus familiares su aventura en el río.

5. ¿Qué frutas te gustan más? ¿Qué árboles frutales conoces? Cuenta alguna experiencia personal relacionada con las frutas.

3 UNIDAD **TRES.** NARRACIÓN

La tetera de la tía Flora

La tía Flora era la persona más vieja del pueblo. Bueno, en realidad no era tía de nadie, pero todo el mundo la llamaba así: tía Flora. Y eso era estupendo porque, si alguien no tenía ni tíos ni tías, podía ir a visitarla y llevarle pasteles, como si fuese de su familia. Ella se ponía muy contenta con las visitas, invitaba a té a todo el mundo y les regalaba a los niños unos caramelos de anís riquísimos.

La tía Flora vivía en una casa tan vieja como ella, en compañía de su gato Ambrosio y de sus plantas.

Debido a su avanzada edad, que rondaba ya los cien años, la tía Flora no veía bien y apenas oía. Por eso, el alcalde y Marta, la maestra del pueblo, decidieron organizar un plan de visitas, para que los vecinos acudieran a casa de la anciana en riguroso orden alfabético.

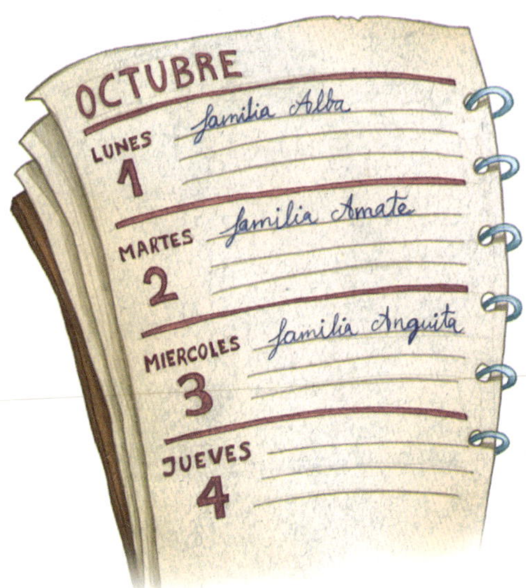

El plan funcionaba a la perfección y, cuando a finales de octubre le tocó el turno a la familia Baena, Marina, su hermano Juan y sus padres acudieron a visitar a la tía Flora con una bolsa de magdalenas y varios libros de cuentos, porque a la tía le encantaba que le leyeran un rato en voz alta.

–Tía, le voy a leer el cuento de los cuarenta ladrones –le dijo Marina.

–¿Que tengo cemento en los cajones? ¡No, hija, qué asco! Mi casa está requetelimpia.

–¿Y si jugamos al parchís? –preguntó Juan.

–¡Ay, pillín! ¡Ya quieres las bolitas de anís! Te las daré después del té.

La tía le pellizcó los mofletes a Juan y le pidió que preparase el té.

–La tetera está en la alacena y el té está también allí, en una cajita negra –le dijo.

Juan encontró una hermosa tetera de porcelana antigua con extraños dibujos dorados. Le pareció que debía fregarla bien antes de usarla. Luego comenzó a secarla con un paño y... ¡Fiiiiu! La tetera empezó a echar humo azul por el pitorro.

Juan se asustó, la tetera cayó al suelo y se rompió en mil pedazos. En ese momento, la cocina se llenó de humo y una voz surgió de la bruma:

–Soy Aly Ven Yvete, el genio de la tetera. Eres el ser número 999. 999 que hace té en esta tetera y, como premio, te concedo tres deseos.

–¡Guau! –exclamó Juan asombrado.

–¿Guau? ¿Quieres un perro? ¡Concedido! –dijo el genio.

Y un enorme perro san Bernardo apareció en la cocina.

–¡Pero yo no quiero un perro! –dijo Juan inmediatamente.

–¡Concedido! –gritó el genio.

Y el perro desapareció al instante.

–Bueno, jovencito... Ya has usado dos deseos. Piensa bien el último –le advirtió el genio.

Juan se paseó por la cocina mientras pensaba en algo que deseara realmente: ¿volar?, ¿ser invisible?, ¿ser un cantante famosísimo? Pero luego se acordó de la bondadosa tía Flora, la dueña de la tetera y, por lo tanto, la dueña del genio de la tetera.

–¡Ya sé lo que quiero! –dijo muy seguro–. Quiero que la tía Flora recupere la vista, para que pueda leer libros, y el oído, para que lo escuche todo a la perfección.

–¡Concedido! –volvió a gritar el pequeño genio.

Y a continuación salió por la ventana. Seguro que iba en busca de otra tetera en la que meterse.

Cuando se dio la vuelta, Juan comprobó que la antigua tetera de la tía Flora se había recompuesto como por arte de magia. Entonces calentó el agua, la echó en el recipiente, añadió el té y se dirigió al salón.

La tía Flora se levantó del sillón, se giró y, como si fuese lo más normal del mundo, dijo:

–He oído tus pasos, Juanito. ¡Vamos a tomar el té!

Inmaculada DÍAZ

Actividades

1. Contesta.

- ¿Quién es? ¿Con quién vivía?
- ¿Qué problemas tenía a causa de su edad?
- ¿Por qué organizaron el alcalde y la profesora un plan de visitas a la tía Flora?

2. ¿Qué familia fue a visitar a la tía Flora a finales de octubre? ¿Cómo se llamaban los dos hermanos? Contesta.

3. Escribe algún ejemplo.

Qué le dijeron los niños a la tía Flora.	Qué entendió la tía Flora.
▼	▼
___________	___________

4. Contesta.

- ¿Por qué fue Juan a la cocina?
- ¿Quién salió de la tetera? ¿Cómo se llamaba?
- ¿Qué le dijo el genio a Juan?

5. ¿Qué pasó a continuación? Contesta. Luego explica qué deseo pidió Juan al final.

6. ¿Crees que la tía Flora recuperó la vista? ¿Y el oído? Inventa lo que sucedió después y cuenta qué diría ella, qué dirían los vecinos del pueblo…

7. ¿Qué tres deseos le pedirías tú a un genio? Explica.

UNIDAD **TRES.** CUENTO AFRICANO

Mambi y los monos

Mambi era un chico alegre que vivía en un pequeño poblado en la selva. A Mambi le encantaba estar con los animales. Pero, sobre todo, le gustaba gastarles bromas constantemente.

Los monos eran su principal entretenimiento. Le divertía, por ejemplo, cuando los animales estaban descansando tranquilamente en los árboles, tirarles de la cola o chillar a pleno pulmón para asustarlos.

Una de sus últimas ocurrencias había sido agitar las ramas de los árboles con enorme violencia mientras decía a voz en grito:

–¡Huy, huy, huy! ¡Qué viento tan fuerte! Seguro que este vendaval es capaz de arrancar los árboles…

Los pobres monos huían aterrados. Entonces, Mambi se reía con unas carcajadas que se oían por toda la selva.

Los animales estaban ya hartos de las bromitas del muchacho y decidieron pagarle con la misma moneda. De modo que, cuando Mambi paseaba tranquilamente por la selva, ellos lo bombardeaban desde lo alto de los árboles con pesados frutos, o le tiraban ramas de considerable tamaño cuando estaba dormido.

Todos estos jueguecitos acabaron por cansar a Mambi. ¡Aquellos monicacos le estaban haciendo la vida imposible! Por eso, decidió poner solución a aquel problema cuanto antes.

Así que, un día, al atardecer, el chico se dirigió al lugar en el que solían concentrarse los monos y les habló en tono cariñoso:

–Amigos, me gustaría que hiciésemos las paces. Bajad porque, además, os quiero proponer un magnífico plan.

Los monos, sin poder contener su curiosidad, se arremolinaron junto al muchacho. El más anciano de ellos le preguntó con **prevención**:

–¿No será otra de tus bromitas?

–No, no... Mi plan es que nos comprometamos a no molestarnos nunca más y vayamos a celebrar todos juntos nuestro acuerdo.

–¿En qué consistirá la celebración? –preguntó un mono muy joven.

–Veréis, conozco una cueva en la que se encuentran unos panales que tienen la miel más dulce y dorada de los alrededores. Quiero compartir con vosotros tan delicioso manjar. Nos daremos un buen festín para la cena. Yo os llevaré hasta ese lugar. ¡Seguidme!

Los monos obedecieron entusiasmados y, un rato después, entraban todos en la cueva dispuestos a disfrutar de aquella exquisitez.

---

prevención: desconfianza.

Estaba anocheciendo y en el interior de la gruta reinaba la oscuridad. Mambi aprovechó esta circunstancia para separarse un poco del grupo y empezó a patalear el suelo con verdaderas ganas. Aquellos golpes secos retumbaron por toda la cueva creando un estruendo infernal. Entonces, el muchacho se puso a gritar como un loco y a dar órdenes a sus acompañantes:

–Amigos, ¡cuidado! Me ha caído tierra en la cara. ¡El techo de la cueva está empezando a derrumbarse! Levantad los brazos y sujetadlo. Todos juntos, ¡eh! Yo voy a buscar unos buenos troncos que sirvan de soporte, para que no se nos caiga encima.

Los monos así lo hicieron. Y Mambi salió de la gruta a todo correr.

Los animales permanecieron durante horas con los brazos en alto sosteniendo el techo, para evitar que se viniese abajo. Ni siquiera se movían por miedo a que aquellas enormes piedras se desplomasen sobre sus cabezas. Aguantaron y aguantaron toda la noche en aquella incómoda postura esperando el regreso de Mambi. Pero el muchacho no volvía.

Cuando los primeros rayos de sol empezaron a colarse por la entrada de la cueva, el mono más anciano se atrevió a retirar del techo una de sus manos. Y no pasó nada. Luego retiró la otra. Tampoco ocurrió nada. A medida que el lugar se llenó de luz, el animal pudo distinguir con claridad que las piedras del techo estaban bien firmes, sin que hubiese ningún signo de que podían desmoronarse.

Poco a poco, todos los monos fueron bajando sus doloridos brazos. Después se miraron unos a otros y salieron de allí cabizbajos.

Ya en el exterior, los animales oyeron unas sonoras carcajadas. Era la risa inconfundible de Mambi, que de nuevo se había burlado de ellos.

Actividades

1. Contesta.

- ¿Quién es Mambi? ¿Dónde vivía?
- ¿Qué tipo de bromas gastaba Mambi a los monos?
- ¿Qué hicieron los monos cuando se cansaron de las bromas de Mambi?

2. Explica el plan que Mambi le propuso a los monos.

3. Observa la ilustración de la página anterior y contesta.

- ¿Dónde están los monos? ¿Para qué habían ido allí?
- ¿Por qué están en esa posición? ¿Cuánto tiempo estuvieron así?
- ¿Qué pasó cuando bajaron los brazos? ¿Qué oyeron al salir de allí?

4. Expresa tu opinión.

- ¿Te ha gustado el cuento? ¿Qué te ha gustado más? ¿Y menos?
- ¿Qué te parece el comportamiento de Mambi? ¿Qué le dirías para que dejase de gastar bromas pesadas?

Naranja, lima y limón

Las naranjas de la China,
los limones de Japón.
¡A las ricas mandarinas!
¡A la lima y al limón!

¡A la lima y al limón!
Las naranjas de la China
tienen más suave dulzor.

Tiene más suave dulzor
el zumo de mandarinas
que el de lima o de limón.

Prueba de esta mandarina,
verás qué grato sabor;
y atrévete con la lima,
con la lima y el limón.

¡A la lima y al limón!
Las naranjas de la China,
los limones de Japón.

Manuel JURADO

Las rosas del tornasol

El rosal tenía
tres rosas naranjas
y tres amarillas.

De noche, las rosas,
entre sus espinas,
se tornaban rojas.

Con la luz del alba,
las rosas tenían
palidez de plata.

Rosal tornasol:
cambia de perfume,
cambia de color.

Manuel JURADO

Cometas o gaviotas

En el aire limpio,
las gaviotas blancas
parecen cometas
con flecos de plata.

Las blancas gaviotas
vuelan, gritan, rajan
el aire azulado
de las tardes claras.

Vuelan las cometas,
las gaviotas bailan,
los niños aplauden
al borde del agua.

El sol del ocaso
cae sobre la playa;
las gaviotas vuelan,
las cometas bailan.

Manuel JURADO

Taller

1. Lee y completa el final de cada grupo de versos.

¡A la sala y al salón! ¡A la piña y al piñón!

Los pinares de la China,
los pinares de Japón.
¡Buenos piñones y piñas!
____

Las mansiones de la China,
las mansiones de Japón.
¡Amplias salas y salones!
____

- Ahora inventa tú el final de estos versos.

Las vasijas de la China,
las vasijas de Japón.
¡Grandes jarras y jarrones!
____

Los cultivos de la China
Los cultivos del Japón.
¡Ricos fresones y fresas!
____

UNIDAD **CUATRO.** NARRACIÓN

4 Soy una rana porque me da la gana

La fiesta era maravillosa. Los jardines del palacio habían sido engalanados con sedas de colores y los caminos estaban llenos de velas que centelleaban en la noche.

La música, a cargo de una impresionante orquesta, dejaba en el aire las más suaves melodías.

Y la comida más exquisita, elaborada por los treinta cocineros mejores del reino, se servía en mesas bellamente decoradas para tan **regios** invitados.

También podían verse en la fiesta los mejores trajes: uniformes escrupulosamente planchados, con bandas y hombreras, y vestidos de gasa y terciopelo, con lentejuelas que arrancaban destellos a la noche.

En cuanto a joyas y piedras preciosas, había un surtido variadísimo: diademas de brillantes, coronas con diamantes, anillos con zafiros, pendientes con esmeraldas...

Estaban allí todos los nobles del reino con sus mejores galas. Podían distinguirse condes, condesas, vizcondesas, vizcondes, duques, duquesas, marquesas, marqueses, archiduques, archiduquesas, baronesas, barones, príncipes, princesas...

La princesa Limusina estaba hablando con sus amigas.

–Creo que hoy no falta nadie –decía la vizcondesa Mayonesa.

–Han venido quince barones, once marqueses, doce condes, siete duques y cuatro príncipes –contaba la duquesa Espesa.

–¿Y el príncipe Pinillo? –preguntó la princesa Limusina.

Todas se callaron y se pusieron a mirar hacia el cielo o hacia sus zapatos. Nadie decía nada.

–Pero… ¿qué pasa? ¿No ha venido el príncipe Pinillo?

De nuevo hubo un silencio largo. La princesa miró, una a una, a todas sus amigas.

–Vosotras sabéis algo del príncipe… ¡Venga, contádmelo!

–La verdad es que… Es que no hay nada seguro –se atrevió a empezar a decir la vizcondesa Mayonesa–. Pero...

–¿Pero qué? ¿Le ha pasado algo?

–Alguien ha oído decir que el príncipe Pinillo ha sido víctima de un hechizo del terrible brujo Pelines.

–¿El brujo Pelines? –se estremeció Limusina–. ¿Y qué le ha hecho?

–Bueno, ya sabes que su especialidad es convertir a la gente en cualquier animal. Se cuenta que el príncipe es ahora una rana.

La princesa estuvo muy triste durante toda la fiesta. Pinillo era para ella un gran amigo y le daba mucha pena que se hubiese transformado en un animalejo verde y escurridizo.

---

regios: que pertenecen a la familia de un rey o de una reina.

Por eso, al día siguiente, nada más amanecer, la princesa Limusina saltó de la cama, se vistió rápidamente y, a lomos de su caballo, se fue hacia el castillo del príncipe Pinillo. Sabía que en el bosque cercano había una laguna donde vivían muchas ranas.

Cuando llegó, Limusina se quedó impresionada. En la laguna había cientos y cientos de ranas de ojos saltones y lengua larguísima.

La princesa no sabía muy bien qué hacer. Había oído que la mejor manera de desencantar a un príncipe convertido en rana era dándole un beso. Pero allí podía estar besando ranas durante dos o tres meses. Aun así, estaba decidida a intentarlo. El príncipe era su amigo, a ella le gustaba mucho, los dos se llevaban muy bien…

Así que, ni corta ni perezosa, la joven se acercó a la orilla, cogió una rana entre las manos y la miró detenidamente. El animalillo también la observó con sus enormes ojazos, sin moverse. La princesa **reprimió** un gesto de asco, acercó sus labios y…

–¡Croac! –dijo la rana en aquel momento hinchando su cuello.

La princesa, asustada, la dejó caer y la rana se perdió entre las aguas.

–¡Seré tonta! –exclamó Limusina.

---

reprimió: no dejó que se notara; contuvo.

Inmediatamente agarró otra rana, cerró los ojos y le dio un beso. Pero, cuando volvió a abrirlos, la rana seguía siendo rana.

Limusina no se desanimó. Cogió otra rana. Ya con menos asco, la besó y... ¡Nada!

Y así, otra rana, otro beso. Nada. Otra rana, otro beso. Nada. Siete ranas, siete besos. Nada. Quince ranas, quince besos. Nada. Noventa y tres ranas, noventa y tres besos. Nada.

La princesa estaba ya bastante harta cuando, de pronto, se fijó en una rana pequeñita que le llamó la atención. Tenía un brillo especial en los ojos.

Limusina la sujetó con fuerza, sonrió y, antes de darle el beso correspondiente, se pintó los labios con generosidad.

La ranita verde empezó a ver unos labios rojos acercándose, cerrándose, acercándose... Ya estaban a unos centímetros cuando el animalito gritó:

–¡Un momento!

La princesa se quedó inmóvil.

–¿Qué pasa? ¿Acaso no quieres volver a ser un príncipe?

–¡Pues no! Soy una rana porque me da la gana.

–¿Pero eres una rana de verdad o eres el príncipe?

–Soy una rana.

–¿Seguro?

–Sí. Y prefiero ser una rana.

–Pero... no vives en una casa... Esto es una charca húmeda.

–Esto es mucho mejor que el castillo, tan grande y tan frío. El agua de esta charca es muy calentita y el barro del fondo es estupendo para jugar.

–¿Y la comida? ¿No echas de menos la comida?

–Ya estaba harto de comer ciervos y perdices, perdices y ciervos... Y con esas salsas... Además, menudo rollo el cuchillo, el tenedor, el vaso, la servilleta, la cucharilla de postre... No podía empezar a comer hasta que no estaban todos servidos y el rey daba su permiso... ¡Con lo ricos que están los mosquitos y las libélulas al natural! Tienen un saborcito...

–¿Y la ropa? –preguntó Limusina un poco cortada ante el entusiasmo que manifestaba su amigo.

–¿La ropa? ¡Otro fastidio! Siempre vestido de gala, siempre tan guapo con esos ropajes lujosos que aprietan y pican tanto. Aquí estoy tan a gusto... No tengo que vestirme, porque las ranas vamos siempre con la piel desnuda. Me baño cuando quiero, no tengo que ir a esas fiestas ridículas que no me gustan nada.

–Pero... ¿Y tus amigos? –se atrevió a preguntarle la princesa.

–Aquí sí que tengo amigos de verdad. Puedo escoger entre mil ranas iguales que yo. Los duques y los condes siempre están hablando de caza, de caballos... ¡Son aburridísimos! Aquí, en cambio, hablamos de las puestas de sol, de los colores del otoño, del rumor del amanecer o de las estrellas. Estoy de maravilla. ¡No se te ocurra besarme!

La princesa se quedó pensativa unos instantes. Luego miró a su amigo y le dijo:

–¡Está bien! No te besaré, pero respóndeme a esta pregunta: ¿Dónde vive el brujo Pelines?

Rafael ORDÓÑEZ CUADRADO

Actividades

1. Contesta.

- ¿Qué se celebraba en el palacio?
- ¿Qué nobles acudieron a la fiesta?
- ¿Por qué no había acudido el príncipe Pinillo?
- ¿Quién era Pelines?

2. Explica todo lo que sepas sobre estos personajes.

Limusina | Mayonesa | Espesa

3. Observa y contesta.

- ¿Adónde se dirigía Limusina?
- ¿Qué quería hacer en ese lugar?
- ¿Qué encontró allí?
- ¿Cuál era la mejor manera de desencantar a un príncipe convertido en rana?

4. Copia lo que sea verdadero.

- ✓ La princesa Limusina besó a noventa y tres ranas.
- ✓ A la princesa le daba asco besar a las ranas.
- ✓ Limusina besó a la ranita en la que se había convertido el príncipe.

5. ¿Por qué no quería volver a ser un príncipe? Explica lo que le contó Pinillo a Limusina sobre cada uno de estos temas.

- ✓ Sobre la vivienda.
- ✓ Sobre la comida.
- ✓ Sobre la ropa.
- ✓ Sobre los amigos.

6. ¿Por qué crees que preguntó la princesa por la dirección del brujo Pelines al final del cuento? Inventa y escribe la continuación de la historia.

El águila agradecida

Una mañana muy temprano, Lorenzo, un joven campesino, se encontró, entre unos matorrales, un águila que había caído en una trampa.

El ave, nerviosa, no paraba de moverse y, cuantos más intentos hacía por soltarse, más se enredaba. Un rato después, rendida por el cansancio, se quedó inmóvil.

Entonces, el muchacho se fue acercando a ella con pasos lentos. Le impresionó la mirada triste y **desvalida** del animal, que se quejaba lastimosamente y temblaba de miedo ante su presencia.

–Tranquila, tranquila... –le susurraba Lorenzo–. Eres un ave muy hermosa... Una verdadera obra de arte de la naturaleza...

Una vez a su lado, el joven fue cortando las cuerdas de la red. Estaba tan admirado por la belleza del ave que hasta se atrevió a acariciar su hermoso y suave plumaje. Al poco, consiguió liberarla.

–Vuela lejos y no vuelvas por aquí. Como has visto, es un territorio peligroso –le dijo con cariño.

El águila, como si hubiese entendido a su **benefactor**, levantó el vuelo y se perdió en el aire.

Pasaron varias semanas y, un día muy caluroso, Lorenzo se sentó a descansar al pie del muro de una granja abandonada, en busca de algo de sombra. Al rato observó que un ave de gran tamaño planeaba a su alrededor. Luego, para su sorpresa, se lanzó en picado hacia él y le arrebató el sombrero de un fuerte picotazo.

Lorenzo se levantó de inmediato y echó a correr tras el inesperado ladrón.

–¡Maldito pájaro! ¡Eh! ¡Mi sombrero! ¡Devuélvemelo ahora mismo! –gritaba muy enojado.

Unos metros más allá, el joven observó que su sombrero caía a tierra, cerca de él.

–¡Uf! ¡Menos mal que lo he recuperado! Con el calor que hace... –exclamó casi sin aliento recogiendo el sombrero del suelo.

Todavía furioso, se dio la vuelta para dirigirse de nuevo a la fresca sombra que acababa de abandonar. Pensó que su vista lo engañaba ante lo que le parecía distinguir al frente. Entonces aceleró el paso y, al acercarse, comprobó que el muro junto al que había estado descansando se había desplomado.

Lorenzo se quitó el sombrero y suspiró aliviado. Al levantar la mirada, vio que un ave majestuosa volaba en círculo sobre su cabeza y, en ese momento, lo comprendió todo. ¡El águila que había liberado semanas atrás le había salvado la vida!

El joven movió su mano para saludarla y unos gruesos lagrimones humedecieron su rostro.

Basado en ESOPO

---

desvalida: que no tiene medios para defenderse.

benefactor: el que hace el bien a otro; bienhechor.

Actividades

1. ¿Qué hizo Lorenzo a continuación? Observa y contesta.

2. Contesta.

- ¿Por qué tuvo que correr Lorenzo tras el águila?
- ¿Por qué le robó el águila el sombrero a Lorenzo?
- ¿Por qué se emocionó Lorenzo al final?

3. ¿Cuál crees que es el consejo o moraleja de esta fábula? Elige y copia.

Tienes que pensar.
No te precipites
antes de actuar.

Al que hace el bien,
tarde o temprano,
se lo han de agradecer.

5 UNIDAD CINCO. NARRACIÓN

Verduras navideñas

Mi madre está un poco rara. No veo que tenga el espíritu navideño de otros años por estas fechas.

Hoy, por ejemplo, se ha enfadado mucho. Pero no ha sido conmigo. Se ha enfadado con los gorriones, que se han comido las lechugas de la huerta. Ya sé que la lechuga es muy sana, pero a mí no me gusta. Así que podría tener motivos para estar contento. En cambio, no lo estoy. Porque sé que mi madre se ha esforzado mucho por salvar esas plantitas. Incluso hizo un espantapájaros para ahuyentar a las enormes bandadas que se pasean por la huerta como por su casa. Pero vistió el espantapájaros con ropa mía que se me había quedado pequeña, y los gorriones no se asustan, porque se creen que soy yo.

–¡Malditos **gorrones**!

Cuando se enfada, mi madre los llama así, gorrones, porque considera que comen a costa de ella. No se da cuenta de que los pobres pájaros no entienden lo que es una propiedad privada.

Esta tarde, mientras refunfuñaba, se ha acercado peligrosamente a las plantas de las zanahorias. Y digo peligrosamente porque estaba a punto de hacer un descubrimiento que no le iba a gustar nada. Ella aún no lo sabía, pero una familia de topos vive allí desde hace días. Yo he querido contárselo en varias ocasiones. Pero no me he sentido capaz. Si los topos han mordisqueado sus zanahorias, se va a llevar un buen disgusto. ¡Pobrecilla!

–Mamá –la he interrumpido, para ver si desviaba su atención de las zanahorias–, ¿a ti te gusta la Navidad?

–¿A qué viene eso ahora, Pablo? ¡Claro que me gusta! Hay vacaciones, pasamos más tiempo juntos... Vienen Papá Noel y los Reyes Magos –me ha dicho con una sonrisa, sin saber muy bien a qué me refería.

Pero no ha servido de nada mi interrupción, porque ha seguido adelante, hacia las zanahorias. ¡Iba a descubrir el desastre! Entonces, ha cogido una zanahoria por las hojas y...

–¡Espera! –la he vuelto a interrumpir.

Mi madre me ha mirado, aguardando una respuesta. Sin embargo, no he sabido cómo decirle lo de los topos. No quería que sufriese. ¡Es Navidad! He buscado a mi alrededor, a ver si se me ocurría algo, y me he fijado en un trozo de tela negra que ella usa para dar sombra a las plantas...

–¿Te gustaría ser reina maga? –le he preguntado.

Luego, para intentar despistarla, le he colocado la tela negra por la espalda a modo de capa.

–Pero... Yo no soy maga –ha contestado.

–Para los gorriones, sí. Les regalas comida –he añadido.

A continuación le he puesto una cuerda en la cabeza y se la he atado en la frente, como si fuese una cinta para sujetarle el pelo.

–¿Qué haces?

–Nombrarte reina maga de los topos. ¡Anda, perdónalos, por favor!

Entonces le he dado un beso.

–¿A los topos? ¿Qué les tengo que perdonar yo a los topos?

gorrones: que viven o comen a costa de otros, sin pagar; aprovechados.

Pero ya era tarde para explicarle nada porque, mientras me hacía la pregunta, ha tirado de la zanahoria y...

¡Me he quedado de piedra! ¡La zanahoria ha salido entera! ¿Será que, con la capa, mi madre se ha convertido en una reina maga de verdad?

–¡No se la han comido! –he exclamado estupefacto.

Mi madre se ha reído a carcajadas. Supongo que, como ahora es reina maga, se ha apoderado de ella el espíritu navideño.

–Los topos no son herbívoros, Pablo –me ha aclarado al ver mi cara de sorpresa–. No me importa en absoluto que haya topos en la huerta. A veces estropean alguna zanahoria sin querer, pero en general me resultan de gran ayuda. ¡No sabes cuántos gusanos y cuántas lombrices se comen! Y esos bichos sí que dañan las raíces de las plantas.

En fin... Que mi madre ya sabía lo de los topos.

Me he librado de las lechugas, pero me temo que no me escaparé de un «delicioso» puré de zanahoria esta Navidad.

¡Caray con los topos! Podían comer también un poco de verdura, que es muy sana, ¿no?

Pep CASTELLANO

Actividades

1. Observa y contesta.

- ¿Qué producto de la huerta se están comiendo los pájaros? ¿Qué pájaros son?
- ¿Cómo llama la madre de Pablo a esos pájaros? ¿Por qué los llama así?
- ¿Por qué hay un espantapájaros? ¿Qué ropa lleva? ¿De quién es esa ropa?

2. Observa y explica.

- ¿Qué zanahoria sacó la madre de Pablo de la tierra?
- ¿Cómo pensaba Pablo que iba a estar la zanahoria? ¿Por qué?
- ¿Por qué a la madre de Pablo no le importaba que hubiese topos en la huerta?

3. Copia lo que sea verdadero.

✓ A Pablo le gusta la lechuga, pero no le gustan las zanahorias.

✓ A Pablo le gustan la lechuga y las zanahorias.

✓ A Pablo no le gustan ni la lechuga ni las zanahorias.

4. ¿Qué verduras te gustan a ti? Piensa y escribe.

5. ¿Crees que la madre de Pablo tenía razón al enfadarse con los gorriones? ¿Por qué? Expresa tu opinión.

Cascaruja

La bruja Cascaruja vestía como todas las brujas; es decir, con un gorro de pico tan negro que los murciélagos lo utilizaban para dormir; con un vestido, también negro, hasta los tobillos; y unas fuertes, feas y negrísimas botas. Además, lucía una repugnante verruga justo en mitad de la barbilla y una larga melena que se despeinaba y enmarañaba todas las mañanas.

Vivía Cascaruja en una destartalada cabaña situada a la entrada de un tenebroso bosque. La acompañaban un gato negro y flacucho, que nunca engordaba aunque comía mucho; un búho viejo y aburrido, que se pasaba la mayor parte del tiempo dormido, y un sapo **orondo** y redondo, que se bañaba en un recipiente no muy hondo.

En fin, que Cascaruja era una bruja todo lo normal que puede ser una bruja. Pero tenía algo especial; y es que era la única bruja conocida que disfrutaba con la Navidad y adoraba todo lo navideño: el árbol con las luces de colores y demás adornos, el **muérdago**, los turrones, los mazapanes y hasta los villancicos.

Al resto de las brujas no les gustaba esta rareza de Cascaruja. Pero la dejaban tranquila, ya que, por lo demás, era una bruja perfecta.

Todas la dejaban tranquila menos Papanduja, la bruja más fea y más mala de todas las brujas. Más fea y mala que la bruja más mala y fea que os podáis imaginar. Sí, así de fea y de mala era.

En cuanto llegaba la Navidad, Papanduja comenzaba a hablar mal de Cascaruja. Intentaba que todas las brujas se enemistasen con ella, aunque ninguna le hacía mucho caso.

Hasta el triste día en el que Papanduja se convirtió, con sus malas artes, en Jefa Suprema del Gran Consejo de Brujas. Entonces prohibió a Cascaruja celebrar la Navidad. ¡Pobre Cascaruja! Tuvo que desmontar su árbol, quitar la decoración, recoger los dulces navideños que había preparado y entregar todo ello a Papanduja, que, entre risotadas, lo lanzó a la enorme hoguera que, para tal fin, había encendido.

Luego, Cascaruja volvió a su cabaña y se encerró allí con su gato, su búho y su sapo hasta que llegó la primavera.

Mientras, Papanduja, más feliz que una lombriz, se dedicó a dar órdenes a diestro y siniestro. No había bruja que estuviera contenta con lo que hacía la nueva Jefa Suprema, pero tampoco había ninguna que se atreviera a oponerse a ella.

Pasó el tiempo y, cuando se acercaba la siguiente Navidad, Cascaruja decidió retar a Papanduja a un duelo mágico, algo a lo que ninguna bruja, ni tan siquiera la Jefa Suprema del Gran Consejo de Brujas, podía negarse.

El duelo se celebraría el 24 de diciembre, en un claro del bosque, al pie del gran abeto solitario.

---

orondo: gordo.

muérdago: planta que crece en la corteza de los árboles y, en algunos lugares, se utiliza como adorno navideño.

Llegó el gran día. Numerosas brujas se concentraron en el lugar convenido. Los poderes de Cascaruja y Papanduja estaban muy igualados y, por tanto, cualquier cosa podía ocurrir.

A una señal, los hechizos comenzaron a volar de la una a la otra en forma de rayos. Un hechizo azul de Papanduja hizo que los pies de su rival se volviesen de madera, y Cascaruja se desequilibró peligrosamente. Pero pronto se recuperó y, al instante, lanzó un hechizo rojo que volvió de goma las manos de su adversaria. Luego, uno verde de Papanduja fue detenido por uno amarillo de Cascaruja… Y hechizos vienen, hechizos van, nadie sabía quién iba a ganar.

Hasta que Cascaruja fue a parar junto al gran abeto. Entonces cerró los ojos, extendió los brazos y comenzó a recibir una extraña energía que procedía del árbol. Ante los asombrados ojos de sus compañeras, Cascaruja recogió una enorme cantidad de magia navideña, un tipo de magia desconocido hasta entonces entre las brujas.

Cascaruja lanzó toda aquella energía contra Papanduja, que quedó oculta por una brillante luz dorada. Al desvanecerse la luz, en lugar de Papanduja, apareció una niña con una dulce sonrisa.

Todas las brujas dieron gritos de alegría, corrieron a felicitar a Cascaruja y le pidieron que fuese su nueva Jefa Suprema. Cascaruja les dio las gracias, pero no aceptó el cargo. Después tomó de la mano a la pequeña Papanduja y se dirigió a su cabaña. Allí, juntas, decoraron un árbol, pusieron adornos por toda la casa, prepararon deliciosos dulces navideños y cantaron alegres villancicos.

Y así siguieron haciéndolo durante muchas Navidades.

Dolores ESPINOSA

Actividades

1. ¿Cómo es la bruja Cascaruja? Describe sus rasgos físicos y cómo va vestida.

2. Contesta.

- ¿Dónde vivía Cascaruja? ¿Con quién vivía?
- ¿Qué tenía de especial Cascaruja?
- ¿Qué les parecía la rareza de Cascaruja a las otras brujas? ¿A quién le parecía mal?

3. ¿Qué hizo Papanduja cuando fue elegida Jefa Suprema del Gran Consejo de Brujas? Explica.

4. Observa la ilustración de la página anterior y contesta.

- ¿Qué se está celebrando? ¿Qué día se celebraba?
- ¿En qué consistía el duelo? ¿Quién ganó? ¿Cómo ganó?

5. ¿Quién era la niña que se fue con Cascaruja? ¿Cómo apareció allí? Explica el final del cuento.

6. ¿Qué es lo que más te gusta de la Navidad? Explica.

El duende de Navidad

El duende de Navidad
es un duende muy inquieto:
trepa sin dificultad
por las ramas del abeto.

Se cuelga de las bombillas.
Hace el pino en una bola
y siente muchas cosquillas
cuando hace alguna cabriola.

Se columpia en el cordel
de dos estrellas doradas,
se agarra a un Papá Noel
y se ríe a carcajadas.

Este duende narizotas,
cada vez que baila, mueve
desde el gorro hasta las botas
de los muñecos de nieve.

Entre las guirnaldas vuela.
Le gusta dar volteretas
saltando de vela en vela
¡y nunca tiene agujetas!

Se sube el gnomo travieso
a tu abeto en un pispás.
Es invisible; por eso,
nadie lo ha visto jamás.

El geniecillo feliz,
revoltoso y juguetón,
además de la nariz,
tiene grande el corazón.

Carmen GIL

La estrella Aurora

Dicen que la estrella Aurora
se atolondra y se despista.
Dudo que en el mundo exista
estrella más soñadora.

En todo el cielo es famosa.
No da a veces pie con bola
y se enreda con la cola.
¡Vaya estrella tan patosa!

Muy a menudo se lía.
Aurora mete la pata,
brillando con luz de plata
a partir del mediodía.

Mientras piensa en otra cosa,
con un lucero tropieza.
Va a la Tierra de cabeza
y sobre un árbol se posa.

Ahora es feliz de verdad.
Si está oscuro o en penumbra,
ella es la estrella que alumbra
el árbol de Navidad.

Carmen GIL

Taller

1. Elige la palabra que suena igual a la destacada y completa los villancicos.

La estrella Aurora

Pero mira cómo brilla
la bella estrella **Aurora**.
Pero mira cómo brilla
la estrella __________.

Brilla que brilla.
No para de brillar
la estrella __________
toda la Navidad.

famosa
despistada
soñadora

gracioso
pequeño
chiquitín

El duende de Navidad

Pero mira cómo juega
el duende **navideño**.
Pero mira cómo juega
ese duende __________.

Juega que juega.
No para de jugar
ese duende __________
toda la Navidad.

2. Escribe villancicos con estos verbos. Puedes cambiar también otras palabras.

alumbrar   trepar

Llega la Navidad

PERSONAJES

- Campanito
- Estrella
- Narrador
- Abeto 1
- Abeto 2
- Abeto 3
- Abetito 1
- Abetito 2
- Acebo
- Sauce
- Roble
- Niebla

CAMPANITO: ¡Hola a todos! Se presenta ante ustedes Campanito Dindón. Ese es mi nombre. Y soy avisador. Esa es mi profesión. Aviso de muchas cosas. ¿Quieren ver cómo lo hago? Señoras y señores, niños y niñas... ¡Tachán! ¡Se acerca la Navidad!

ESTRELLA: ¡Oh! Gracias por avisarme. Quiero estrenar un brillo especial este año.

CAMPANITO: De nada, estrellita. Llevo meses viajando por todo lo largo y ancho de este mundo para dar esta noticia. Nadie debe olvidarse. Ya he avisado a los fabricantes de belenes, a los cantores de villancicos, a los turroneros y pasteleros, a Santa Claus y a los Reyes Magos, a los fabricantes de bolas y regalos... Espero que tú brilles más que nunca.

ESTRELLA: Mi **fulgor** será espectacular.

CAMPANITO: ¡Muy bien! Pues entonces... Misión cumplida. Ahora podré descansar tranquilo.

ESTRELLA: Antes no has hablado de los árboles. ¿No te habrás olvidado de avisar a los árboles, tan importantes en Navidad?

CAMPANITO: ¡Huy! Gracias, amiga. Soy un avisador bastante despistado. ¡Me voy pitando al bosque! Bueno, mejor me iré campanilleando, haciendo dindón, dindón...

NARRADOR: Cuando llega, Campanito se encuentra a los árboles dormidos como troncos.

CAMPANITO: ¡Despierten, despierten! ¡Dindón! ¡Dindón!

ABETO 1: ¡Calma! No arme tanto jaleo. Esto es un bosque tranquilo y silencioso.

CAMPANITO: Lo siento. Es que traigo una noticia muy importante. ¡Ya se acerca la Navidad! ¡Hay que prepararse!

NARRADOR: Nada más oír la palabra Navidad, todos los árboles se echan a temblar.

ÁRBOLES: ¡Ay, qué miedo!

CAMPANITO: ¿Por qué? En Navidad os ponen preciosos. Os llenan de adornos y de luces.

ABETO 2: Ya, pero antes vienen al bosque muchas personas con sierras y a los abetos viejos nos cortan las ramas.

ABETITO 1: Y a los más pequeños nos cortan por el tronco.

ABETITO 2: Y nos llevan muy lejos de aquí.

ABETO 3: Y cuando acaban las fiestas, nos tiran al contenedor de la basura.

CAMPANITO: ¿Eso es así?

ACEBO: ¡Sí! ¡Todos los años pasa lo mismo! ¿Te has fijado en mis relucientes y verdes hojas? ¿Ves estas preciosas bolitas rojas que me adornan?

CAMPANITO: ¡Pues claro que las veo! ¡Eres una verdadera belleza, acebo!

ACEBO: ¡Pues a los humanos también les encantan! El año pasado estuvieron a punto de cortarme entero. Menos mal que mi amigo el roble bajó una rama, mi enemigo chocó con ella y se dio un fuerte golpe en la cabeza. Se hizo un buen chichón y se olvidó de mí.

CAMPANITO: ¡Lo que me contáis es horrible! Para mí y para todo el mundo, la Navidad es amor, alegría... No podéis esperarla asustados y temblando de miedo.

ABETITOS: ¿Qué podemos hacer? ¿Nos puedes ayudar tú?

---

fulgor: brillo intenso, resplandor.

NARRADOR: Todos los árboles agitan sus ramas en señal de preocupación. Incluso un frondoso sauce llorón deja caer unas tristes y amargas lágrimas. Entonces, los abetos se contagian y empiezan a llorar.

SAUCE: Es que siento una pena tan grande...

ÁRBOLES: ¡Buaaa...! ¡Buaaa...!

NARRADOR: A Campanito se le encoge el corazón. Pero sabe que él no puede desanimarse.

CAMPANITO: ¡A ver, no os vengáis abajo! ¡Ramas arriba! ¡Dejadme pensar mis pensamientos pensantes que a lo mejor pienso un pensamiento interesante! ¡Creo que ya lo tengo!

ÁRBOLES: ¡Cuenta, cuenta!

CAMPANITO: Lo «prime» de lo «prime» será recordar a las personas que existen abetos artificiales y que no se deben talar árboles. Pondré carteles por todos los sitios y hasta haré anuncios en la televisión.

ABETO 1: No te harán caso...

ABETO 2: A la gente le gustan los abetos naturales...

ABETITO 1: A lo mejor se van convenciendo poco a poco.

ABETITO 2: Sí, a lo mejor se van concici... conciclan... ¡Ay, no sé decirlo! Pero hay una palabra que es...

ROBLE: Concienciando.

ABETITO 2: ¡Sí, esa es! A lo mejor se van con-cien-cian-do.

CAMPANITO: Bueno, no nos andemos por las ramas. ¡Ay, qué gracioso lo que he dicho! Lo «segun» de lo «segun» será avisar a mi amiga la niebla, para que os envuelva en su manto cada vez que alguien pretenda venir al bosque en estas fechas.

ABETITO 1: ¿Y si traen linternas?

NIEBLA: Las linternas no pueden conmigo cuando me pongo bien espesa.

CAMPANITO: De todas formas, los demás árboles os abrazarán con sus ramas para ocultaros.

ABETITO 2: Pero... pasaremos la Navidad escondidos. Eso es muy triste.

ESTRELLA: Nosotras, las estrellas, nos colgaremos de vuestras ramas, os llenaremos de luz todas las noches y juntos cantaremos villancicos. ¿Queréis que ensayemos ya?

ÁRBOLES: ¡Sí!

NARRADOR: Y los árboles y arbustos, bastante más tranquilos, entrelazan sus ramas para cantar el primer villancico de la Navidad.

TODOS:

Campana sobre campana
y sobre campana, una.
Los árboles de los bosques
son nuestra mayor fortuna.
¡Dindán!
¡Qué gran felicidad!
Un planeta más verde
para la humanidad.

Inmaculada DÍAZ

El sombrero mágico

Aquel sombrero no tenía nada de especial. Era un sombrero viejo y deteriorado. Un sombrero de color..., de color..., de algún color. La cinta estaba deshilachada y colgaba suelta por un lado. El ala lucía un curioso agujero, perfectamente circular, del tamaño de una moneda de diez céntimos, y la copa estaba completamente deformada.

Era, en fin, un sombrero al que nadie miraría dos veces y la mayoría ni tan siquiera una vez... Excepto Aura, claro.

Ella lo miró dos veces, lo miró tres veces y hasta lo miró cuatro veces antes de cogerlo de la papelera del parque donde lo había encontrado. Estaba encima, bien a la vista. Lo cogió con muchísimo cuidado, lo observó por todas partes, se lo puso en la cabeza y corrió hasta la fuente para verse en el agua del pilón, que le iba a servir de espejo. Se miró el perfil derecho, se miró el perfil izquierdo, se miró de frente y hasta intentó mirarse de espaldas. Se puso el sombrero de lado, se lo echó sobre los ojos, lo empujó hacia atrás... Ensayó mil poses diferentes sin dejar de mirarse en el agua y, finalmente, sintiéndose muy satisfecha, Aura metió el sombrero en su pequeña mochila y se lo llevó a casa.

Aura y su sombrero se hicieron inseparables y donde iba una, iba el otro. Durante unos días, su madre intentó que lo dejara en casa cuando se marchaba a la calle, pero, al final, Aura se salía con la suya y lo llevaba constantemente a todos sitios: al cole, al parque, a la casa de los abuelos, al súper, al cine... La niña lucía aquel viejo sombrero con orgullosa alegría y, muy **ufana**, contaba a todo el que le prestaba atención que aquel era un sombrero mágico. El sombrero más mágico de todos los sombreros mágicos que jamás hayan existido o existirán.

Por supuesto, los adultos no se lo creían. Se limitaban a escuchar a Aura, sonreían y, a veces, alguien decía:

–¿Un sombrero mágico? ¡Qué bien!

Y continuaban con sus conversaciones de adultos serios y formales.

Con los niños era diferente. Ellos sí que la creían. Bueno, no es exactamente que la creyesen, sino que ellos sabían que aquel viejo sombrero era el más mágico de todos los sombreros mágicos del mundo y sus alrededores. Porque ellos, todos y cada uno de ellos, habían probado la magia de aquel maravilloso sombrero.

---

ufana: contenta y satisfecha; orgullosa.

Aura fue la primera en descubrir la magia del sombrero. Al día siguiente de encontrárselo, un lunes, lo llevó al parque para enseñárselo a sus amigos. Se lo puso y, antes de darse cuenta, se había transformado en una feroz capitana pirata que, con sus amigos como fiel tripulación, iba a bordo de un precioso barco.

Aquella maravillosa tarde, Aura y sus bravos marineros surcaron los siete mares y unos cuantos lagos, arribaron a mil islas y a tres enormes rocas, abordaron cien buques y varios botes, y enterraron docenas de cofres llenos de chucherías y de unas cuantas monedas.

Al día siguiente, martes, fue Miguelito quien se puso el sombrero y, al instante, se convirtió en un valiente *cowboy*, un audaz vaquero que, acompañado por su cuadrilla, llevaba una gigantesca manada de toros y vacas por el oeste más al oeste que se pueda imaginar. En el camino lucharon contra peligrosos **cuatreros**, ayudaron a algún *sheriff* en apuros, se enfrentaron a siux, apaches y comanches, durmieron a la luz de las estrellas y dominaron una peligrosa **estampida**.

El miércoles, el sombrero mágico fue a parar a la rubia cabeza de Carola, quien se lo puso con mucho cuidado y, casi enseguida, se transformó en una valiente mosquetera que, junto a sus fieles compañeros, rescató a varias hermosas damiselas, protegió a la reina, al rey y hasta a un duque y tres marquesas, y se batió en duelo con varios enemigos y hasta con algún amigo.

Llegado el jueves, le tocó el turno de probar la magia del sombrero a Luis, que se convirtió, gracias a él, en un gran aventurero y, junto a sus amigos, visitó lugares lejanos y exóticos, donde descubrieron dos ruinas, tres templos y un par de pirámides, huyeron de un grupo de peligrosos **indígenas** y de una banda de señores muy **mal encarados**.

El viernes, con el sombrero, Lucía fue la directora de un gran circo, con fieros perros y divertidos leones... ¿Quizá fue al revés? Y montaron un gran espectáculo con payasos valientes y graciosos domadores, con perros acróbatas y acróbatas con perros, con equilibristas, con trapecistas y hasta con tres magos sin sombreros mágicos.

El sábado, Pedrito fue..., fue un señor muy serio que usaba bastón y que paseaba saludando a damas ataviadas con enormes sombreros, y a caballeros tan serios como él. Mientras, unos niños jugaban con aros y unas niñas vestidas con faldas almidonadas jugaban con muñecas... Habían retrocedido en el tiempo cien años por lo menos.

Y el domingo... El domingo, el sombrero desapareció.

Aura lo buscó bajo su cama, en su armario, junto a sus libros y hasta en la ventana. Miró en el salón, en el baño, en la cocina y hasta en la terraza. Miró en bolsos, en bolsas, en mochilas y hasta entre los pijamas. Pero su sombrero, el sombrero mágico más mágico de todos los sombreros, había desaparecido.

---

cuatreros: ladrones de ganado.

estampida: huida rápida de un grupo de animales.

indígenas: personas que han nacido en un país o en una región; nativos.

mal encarados: que tienen una cara que produce temor o desconfianza.

Aquella tarde, la niña volvió al parque muy triste, apenada, mustia y afligida pensando en dónde podía haberse metido su sombrero cuando, de repente, lo vio. Un niño lo estaba sacando de la misma papelera en la que ella lo había encontrado. Iba a salir corriendo para reclamárselo cuando algo la detuvo...

Aquel niño se puso el sombrero y corrió hacia la fuente. Se miró el perfil derecho, se miró el perfil izquierdo, se miró de frente y hasta intentó mirarse de espaldas. Se puso el sombrero de lado, se lo echó sobre los ojos, lo empujó hacia atrás. Ensayó mil poses diferentes sin dejar de mirarse en el agua y, finalmente, asintiendo, se lo guardó en su mochila y salió corriendo, sin que Aura hiciera nada de nada.

Y es que, en cuanto vio al niño ponérselo, ella supo que ese sombrero tan mágico no era solo suyo, ni de sus amigos, ¡no, señor! Aquel sombrero tan especial, el sombrero más mágico de todos los sombreros mágicos que hayan existido y que existirán jamás, pertenecía a todos los niños y todos merecían tenerlo al menos una semana.

Entonces, Aura, muy sonriente, se fue en busca de sus amigos, para seguir disfrutando de la magia que aquel viejo y deteriorado sombrero había dejado en cada uno de sus corazones.

Dolores ESPINOSA

Actividades

1. Contesta.

- ¿Quién encontró el viejo sombrero al principio del cuento? ¿Dónde lo encontró?
- ¿Qué fue lo que hizo después de ponerse el sombrero?

2. ¿Cuál es el sombrero que se encontró Aura? Explica los detalles que te han hecho reconocerlo.

Ⓐ

Ⓑ

Ⓒ

3. ¿Qué día de la semana se encontró Aura el sombrero? ¿Qué día de la semana desapareció el sombrero? ¿Cuánto tiempo había transcurrido?

4. Escribe el nombre de estos niños y explica en qué personaje se ha transformado cada uno y qué aventuras ha vivido.

5. Observa la ilustración de la página anterior y contesta.

- ¿Dónde está Aura? ¿Qué está haciendo allí?
- ¿Qué pasó a continuación?
- ¿Qué pensó hacer Aura? ¿Por qué no lo hizo al final?

6. ¿En qué personaje te gustaría convertirte si te pusieses el sombrero mágico? Inventa y cuenta qué aventuras vivirías.

UNIDAD **SEIS.** LEYENDA AMERICANA

Del otro lado del mundo

Cuenta una antigua leyenda que, al principio de los tiempos, en América, las personas y los animales vivían en la más absoluta oscuridad. Daba igual que fuese de día o de noche, porque aquel extenso territorio se encontraba siempre bajo una inmensa sombra.

Un día, las personas y los animales se reunieron para ver cómo podían remediar aquella situación.

El tucán fue el primero en tomar la palabra:

–Así no podemos seguir. Todo aquí es tan triste… En cambio, las aves hemos visto desde el aire que al otro lado del mundo hay luz, una hermosa luz que procede de un astro llamado Sol.

A continuación, habló el buitre:

–Yo iré hasta allí y traeré un pedacito de ese astro.

El buitre levantó el vuelo y se alejó. Cuando llegó a su destino, cogió algunos rayos, los colocó sobre su cabeza e inició el camino de vuelta. Pero, ¡ay!, al posarse de nuevo en la tierra, había perdido la luz y las plumas de su cabeza estaban chamuscadas.

Todos se quedaron muy tristes. Entonces, fue la liebre la que propuso a sus vecinos:

–Si os parece bien, ahora iré yo. Como soy tan rápida, no tardaré en estar de vuelta con un poco de esa luz que tanto necesitamos.

Y el veloz animal echó a correr en busca del astro luminoso. Cogió unos cuantos rayos, los escondió entre su pelaje y, a la carrera, regresó a su lugar de origen. Pero la pobre liebre traía la cola chamuscada y también había perdido la luz por el camino. Sus vecinos se lamentaron de la desesperada situación en la que se encontraban. ¡Parecía imposible cambiar su forma de vida!

En esas estaban cuando se oyó la voz de una anciana araña.

–Ahora iré yo –dijo el animal.

La araña modeló un pequeño cuenco de arcilla y se puso en camino, a la vez que tejía una enorme tela mientras avanzaba hacia su objetivo.

Cuando llegó junto al astro, la araña alargó sus patas, se hizo con varios rayos, los depositó en el recipiente de barro y, a continuación, empezó a desandar, por la tela, el camino que la había llevado hasta allí. Tiempo después, el animalito llegó a su tierra con un cuenco resplandeciente, lleno de una poderosa luz que, para alegría de todos sus vecinos, se extendió por aquella inmensa parte del mundo.

Dice la leyenda que, desde entonces, las arañas tejen los hilos de su brillante tela con la forma del Sol y de sus rayos, en recuerdo del astro que les proporcionó la luz que tanto habían ansiado.

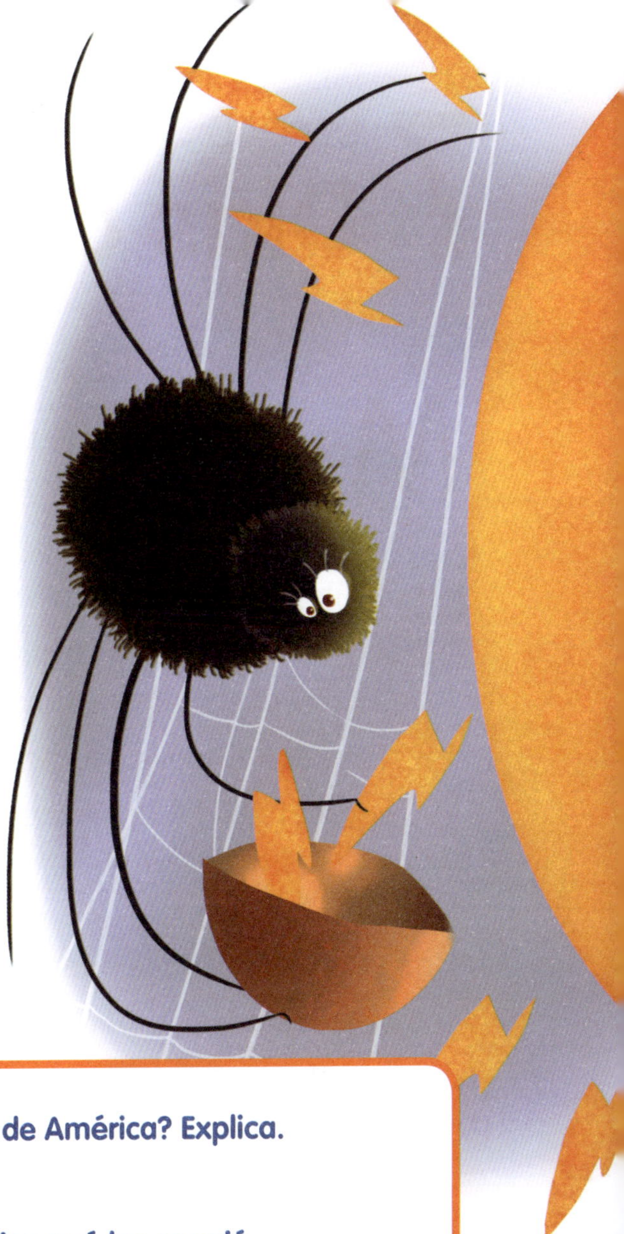

Actividades

1. ¿Qué problema tenían las personas y los animales de América? Explica.

2. ¿Qué tres animales fueron en busca de la luz? Explica qué les ocurrió a los dos primeros.

3. Contesta.

- ¿Qué hizo la araña antes de salir en busca de la luz? ¿Por qué crees que lo hizo?
- ¿Qué fue haciendo la araña en el camino hacia el Sol? ¿Para qué le sirvió?

4. ¿Qué forma tienen las telarañas según la leyenda?

5. ¿Cómo sería la vida en nuestro planeta si no hubiese luz solar? Imagina y escribe.

7 UNIDAD **SIETE.** NARRACIÓN

Días de perros

María lo tiene todo preparado en el cuarto de baño: el champú, la toalla, el cepillo, el secador… y, lo más importante, ¡las chuches!

–Ya solo falta Pulgas.

–¿Pulgas? ¿Y dónde está Pulgas? ¡Otra vez se ha escapado!

María y su padre buscan a Pulgas por todos los rincones de la casa. Por fin lo encuentran debajo de la cama de la niña.

–¡Ven aquí, Pulgas! Te vamos a dejar limpito y guapo.

Pero a Pulgas le da igual estar limpito y guapo. Gruñe debajo de la cama, como diciendo: «Esto no me convence ni un pelo. No voy ni loco».

Loco o **cuerdo**, lo agarran por el collar y lo arrastran hasta el baño. Una vez allí, cierran la puerta. ¡Pobre Pulgas, ya no tiene escapatoria!

–¡Uf, cómo pesa! Ayúdame, María.

Pulgas se resiste todo lo que puede: gruñe, enseña los dientes, se tumba detrás del taburete… Pero su resistencia activa tiene un límite.

Entre padre e hija consiguen meterlo en la bañera. Ahora, más que un perro, parece un cordero rendido y resignado. ¡Ya no hay nada que hacer! Sabe que, de inmediato, un chorro de agua le va a caer encima.

–Toma, bonito, una chuche.

Pero Pulgas no está para chuches. Ahora ha pasado a la resistencia pasiva y no piensa comer nada. Ni siquiera se digna mirar a sus dueños y, como ofendido, levanta la cabeza y mira hacia el techo. No soporta el baño, ni el champú, ni la ducha.

–Venga, Pulgas, que no es para tanto.

Mojado hasta las orejas, Pulgas se siente ridículo y avergonzado.

–Venga, así... Muy bien. Mañana vas a conocer a los tíos y tienen que verte limpito y guapo.

¿Por qué los humanos se empeñarán tanto en eso de «limpito y guapo»? Si él ya se siente guapo. Y limpito también. Todos los días se lame él mismo para lavarse. ¡Menuda tontería!

–Papá, ¿por qué a Pulgas no le gusta el agua?

–No lo sé, hija. Anda, pásame el champú y ayúdame a enjabonarlo, que así iremos más rápido. ¿Y la esponja? Ve a mirar si se ha quedado en la terraza.

María sale del cuarto de baño mientras su padre murmura:

–¡Menos mal que ahora te estás quieto!

¿Alguien dijo quieto? Pulgas ve la puerta abierta y no se lo piensa dos veces. Da un brinco y, en un segundo, cruza el baño dejando a su dueño salpicado de jabón de arriba abajo y con la alcachofa de la ducha enfocada hacia él.

Papá grita. María se asusta y acude corriendo al cuarto de baño. En el pasillo se tropieza con un Pulgas enjabonado que huye aterrorizado.

–¡Pulgas, ven aquí! –exclama el padre, frotándose los ojos y sacudiéndose el agua de encima–. ¡María, cógelo!

---

cuerdo: que está en su sano juicio, es decir, que no está loco.

María intenta atrapar a Pulgas, pero el perro se escurre entre sus manos como una anguila.

–No puedo, con el jabón se me resbala. Se me ha escapado. ¡Ay!

Ahora es ella quien se resbala. El suelo del pasillo está perdido de agua. El rastro de Pulgas se puede seguir hasta la habitación de María. Allí, de nuevo agazapado debajo de la cama, Pulgas parece temblar. ¿De frío? ¿De miedo?

–¡Ven aquí, perro tonto! –exclama María–. ¡Si solo vamos a bañarte!

Pero nada de nada. Papá está dispuesto a atraparlo como sea. Intenta convencerlo con chucherías para perros. Pero el animal no las acepta. Entonces decide probar con galletas. Seguro que a las galletas no se resistirá.

–María, trae el paquete de galletas.

La niña va a por las galletas preferidas de Pulgas.

–¡Ven, precioso, ven aquí! ¡Toma, una galletita!

Pulgas será cobarde, pero no tonto. Sabe que si va a por la galleta, lo cazan. ¡Ni hablar!

–¡Se me está acabando la paciencia! O vienes tú solito o te saco de ahí ahora mismo.

El padre aparta la cama y Pulgas echa a correr como un loco por la casa, empapando todo lo que encuentra a su paso.

Esta vez, la caza y captura de Pulgas cuesta lo suyo. Sin el collar para poder tirar de él y lo escurridizo que está así, enjabonado, no hay forma humana de pillarlo. ¡Ni forma humana, ni perruna! En su loca carrera, Pulgas se sube al sillón, tira una lámpara y hace un buen estropicio en las macetas.

Media hora más tarde, después de pedir ayuda a un vecino, logran meter de nuevo a Pulgas en la bañera. Conseguir bañarlo ha sido una aventura. Padre e hija acaban agotados.

–¡La próxima vez lo llevo a una peluquería de perros! –dice el padre extenuado–. ¡Nunca más! Es la primera y la última vez que lo bañamos en casa. Yo creo que este chucho no había visto el agua en su vida.

–Pobrecito, papá –dice María, acordándose de cuando fueron a recoger a Pulgas de la perrera–. Si era un perro abandonado, ¿cómo querías que lo bañaran? ¿Quién lo iba a bañar?

–Tienes razón, hija, pero… ¡jamás he visto un perro al que le guste tan poco el agua!

–Bueno, al fin lo hemos conseguido. Los tíos lo conocerán mañana con el pelo brillante y reluciente.

–Venga, vamos a acostarnos ya, que ha sido una noche de perros, nunca mejor dicho. Mañana tenemos que levantarnos pronto para ir a la casa de campo de los tíos.

Hoy hace un sol espléndido. María, su padre y Pulgas han salido de casa temprano. Pulgas va muy contento en el coche. Ya se ha olvidado del episodio de la noche anterior. Es como si nada hubiera pasado. Sus dueños vuelven a ser los maravillosos humanos que lo sacaron de la perrera. Se pasa el viaje dando lametazos a María, como diciendo: «Gracias, gracias, gracias por haberme adoptado. Soy muy feliz con vosotros…, excepto cuando me queréis llevar al baño».

Falta poco para llegar a la casa de campo. María está un poco preocupada. ¿Cómo se llevará Pulgas con Cora, la perra de los tíos?

NARRACIÓN. **DÍAS DE PERROS**

La llegada resulta emocionante. Pulgas se porta muy bien y enseguida se hace amigo de Cora.

–¿Qué tal un paseíto con los perros hasta la hora de comer? –propone la tía–. Podemos bajar por la ladera hasta el río y luego subir por el prado.

María y su padre aceptan encantados. Es la primera vez que llevan a Pulgas a la montaña y tienen ganas de ver cómo responde.

–Tía, ¿no se escapará Pulgas?

–¡Qué va! –responde ella sonriendo–. Nos tiene a nosotros y a Cora. No sufras, María. Piensa que más que nosotros a él, nos vigilará él a nosotros.

Efectivamente, Pulgas corretea, yendo y viniendo, sin alejarse demasiado del grupo. Corre, salta y da brincos alrededor de su familia y juega con Cora sin parar. ¡Le encanta el campo!

En cuanto llegan al río, se sientan todos a la orilla a descansar. Cora mete las patas en el río. Y Pulgas, ante los asombrados ojos de María y de su padre… ¡se zambulle de cabeza en el agua!

Elena O'CALLAGHAN I DUCH

Actividades

1. Contesta.

- ¿Cómo se llama el perro?
- ¿Por qué se mete debajo de la cama?
- ¿Cómo consiguen sacarlo de ahí?
- ¿Por qué crees que le ofrecen chuches en la bañera?

2. ¿Qué pasó cuando el padre de María se quedó solo con Pulgas en el cuarto de baño? Explica.

3. ¿Consiguieron María y su padre bañar a Pulgas? ¿Quién los ayudó?

4. Observa y contesta.

- ¿Adónde van?
- ¿Qué hace Pulgas durante el viaje?
- ¿Por qué María va preocupada?

5. Explica qué pasó en el río y por qué se sorprendieron tanto María y su padre.

6. ¿Te gustan los perros? ¿Por qué? ¿Qué animal te gusta más? Explica tus preferencias.

7. ¿Qué nombre le pondrías tú a un perro? Escribe al menos tres nombres.

8. Explica los cuidados que creas que necesita un perro.

9. ¿Qué les dirías tú a las personas que abandonan a sus animales de compañía? Escribe un texto en el que intentes convencerles de que no se debe hacer algo así.

UNIDAD **SIETE.** CUENTO POPULAR

Los dos burros

Un comerciante tenía dos burros con los que transportaba mercancías por toda la comarca. Uno de los asnos era humilde y discreto; el otro, en cambio, era muy vanidoso.

–Nuestro amo me aprecia más a mí que a ti –solía decir el burro presumido–. ¡No hay un burro como yo en toda la comarca!

Una mañana muy temprano, el comerciante fue a la cuadra, despertó a los dos animales y les colocó las alforjas. Al más humilde le tocó llevar un cargamento de sal, y al presumido, otro de esponjas. El burro vanidoso se dio cuenta de que él salía ganando en el reparto y dijo:

–No me negarás que el amo me cuida más que a ti. Tú casi no puedes moverte del peso que llevas. En cambio, yo llevo una carga muy ligera.

Y es que, efectivamente, la sal es mucho más pesada que las esponjas.

Nada más comenzaron a andar, el burro vanidoso empezó a burlarse de su pobre compañero, que caminaba con mayor esfuerzo:

–¡Qué despacito vas, amigo! ¡Pareces un burro viejo!

Al cabo de un buen rato llegaron a un río. Solo una estrecha pasarela de desgastados tablones unía las dos orillas.

El comerciante detuvo a los animales y se quedó pensativo durante unos segundos, pero al fin decidió cruzar.

Cuando los dos animales y el hombre pisaron los tablones, la madera crujió con el peso. El burro humilde avanzó mirando al frente para no perder el equilibrio. Su compañero hizo lo mismo, pero se despistó un momento y…¡cataplof! ¡Al agua! Con la caída, los tablones se movieron, y también el comerciante y el otro asno acabaron en el río.

Una vez en el agua, la sal que acarreaba el burro humilde comenzó a deshacerse y el animal pudo salir fácilmente del río, ya que ahora sus alforjas no pesaban nada. Sin embargo, las alforjas del burro vanidoso ahora pesaban muchísimo más. ¡Las esponjas se habían llenado de agua!

–¡Socorro! ¡Socorro! –rebuznaba angustiado, a punto de ahogarse.

Entonces, el comerciante nadó hacia él, le soltó las alforjas, que se hundieron hasta el fondo de las aguas, y el burro, por fin, pudo salir.

Después de aquella aventura, el burro vanidoso comprendió que no debía ser tan presumido. Y, por supuesto, no volvió a burlarse nunca más de su compañero.

Actividades

1. Contesta.

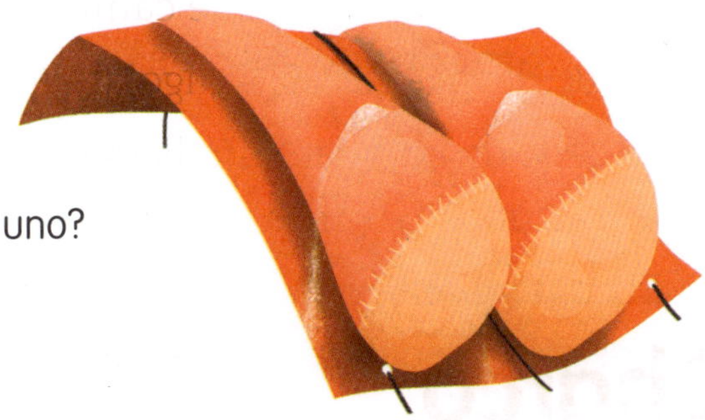

- ¿Cómo era cada burro?
- ¿De qué iban cargadas las alforjas de cada uno?
- ¿Qué alforjas pesaban más?

2. ¿Cómo consiguió cada burro salir del río? ¿Qué ocurrió con el cargamento que llevaba cada uno? Explica.

3. ¿Por qué el burro vanidoso decidió dejar de ser tan presumido? Copia.

✓ Porque no quería volver a llevar esponjas.

✓ Porque había escarmentado al caerse al río.

✓ Porque el comerciante se enfadó con él.

4. ¿Cómo convencerías tú a un amigo de que no hay que burlarse de nadie? Escribe todas las razones que se te ocurran.

¡Que llueva!

¡Que llueva, que llueva y llueva,
que baje el agua del cielo,
que deje el aire muy limpio
y que empape todo el suelo!

¡Que no deje de llover
día y noche, noche y día,
que se bañen los gorriones
y que el labrador sonría!

¡Que el agua siga cayendo
y que lo haga sin prisa,
para que se lave todo,
incluida mi camisa!

¡Que llueva, que llueva y llueva,
y yo, sequita en mi cueva!

Antonio A. GÓMEZ YEBRA

Charco

¡Menudo charco
hay en la calle!
Todos los pájaros
quieren bañarse.

Unos se quedan,
otros se van...
Mientras los niños
mirando están.

Cae la tarde
y, como el Sol,
el charco espera
que caiga yo.

Pero no soy un gorrión
y he dejado sobre él
un barquito de papel.

María SANZ

El pozo del patio

En el centro del patio,
bajo la verde parra,
un pozo silencioso
de agua tranquila y clara.

El verano se cuela
entre las verdes ramas
y los racimos nuevos
cuelgan sus rubias lámparas.

¡Qué silencioso es el patio,
qué tranquila es el agua!
Agua clara y profunda,
misteriosa y callada.

En el fondo del pozo,
la luna triste y pálida
se refleja de noche
en su espejo de nácar.

En el centro del patio
de aquella vieja casa,
el pozo ya no tiene
agua profunda y clara.

Manuel JURADO

Taller

1. Elige una palabra y completa.

llorar
estudiar
jugar

El barquito, navegando,
cruzó un río y llegó al mar.
Pececitos plateados
vienen con él a ________

- ¿Qué poema alargarías con el grupo de versos que acabas de completar? Cópialo entero y haz un dibujo para acompañarlo.

2. Elige, en cada caso, la palabra que suena igual a la destacada y completa.

muelles – valles

¡Que llueva, que llueva y llueva!
En las plazas y en las **calles**,
en los montes y en los ________

puentes – puertos

¡Que llueva, que llueva y llueva!
En oasis y en **desiertos**,
en las playas y en los ________

8 UNIDAD **OCHO.** NARRACIÓN

¿Dónde nace el viento?

Lucho tenía un cajón lleno de juguetes, muchas preguntas en la cabeza y una silla para pensar.

Lucho se sentaba en su silla y le daba vueltas a los misterios más misteriosos de la naturaleza: quién se lleva la Luna cada mañana, por qué el señor Saúl no sonríe nunca, qué hay detrás de las montañas azules, adónde van a parar los calcetines que se pierden…

Una mañana luminosa, de esas que parecen dibujadas por un niño, un viento **zangolotino** y juguetón se coló por la ventana y despeinó a Lucho.

–¿De dónde vendrá el viento? –se preguntó en voz baja.

Y se sentó en su silla a pensar durante un buen rato.

Después de mucho cavilar, decidió consultarle a la ropa del tendedero. Había visto que el viento hacía bailar las sábanas, revolotear las blusas y dar cabriolas a los paños de cocina multicolores. Tal vez, ellos supieran algo.

–Oigan, por favor, señoras prendas. ¿Pueden ustedes decirme dónde nace el viento? –preguntó Lucho con voz firme.

–Escúchame, muchacho –le respondió una **estola** brillante y un poco cursi–. Tengo más de tres siglos de vida. Pertenecí a la Reina de las Hadas, cubrí la espalda de Cenicienta la noche del baile y arropé al rey Pepino IV cuando solo era un bebé. Mira que me han preguntado cosas raras en mi larga vida, pero jamás he conocido a nadie que quisiera saber dónde nace el viento. Anda, anda, no me molestes, que estoy a punto de secarme y esta tarde tengo una fiesta.

Lucho se marchaba ya, cabizbajo y alicaído, cuando oyó una voz a sus espaldas:

–¡Eh, chico! Mírame. Soy yo, el pantalón.

Al volverse, vio un pantalón de flores, muy divertido, que le hablaba:

–¿Por qué no vas a preguntarle al gran tejo milenario? El viento siempre se enreda en sus ramas.

–Muchas gracias –dijo Lucho–. Voy enseguida a buscarlo.

–De nada, guapo –contestó el pantalón.

Y movió sus **perneras** a ritmo de chachachá.

zangolotino: que parece muy infantil.

estola: prenda femenina que se pone sobre los hombros.

perneras: partes del pantalón que cubren las piernas.

Tras mucho caminar, Lucho llegó junto al gran tejo. Era un árbol solemne, pero al mismo tiempo tierno y cariñoso. Parecía que iba a abrazarlo con sus ramas.

–¿Quieres algo de mí? –le preguntó con voz acariciadora.

–Sí, gracias. ¿Sabe usted dónde nace el viento?

–¡Ay, mi niño! –respondió el árbol lastimosamente–. Sé que esa oruga, aunque parezca feúcha y poco agraciada, se terminará convirtiendo en una hermosa mariposa. Sé que los ruiseñores cantan de madrugada. Sé que a Lucía, la niña que vive en aquella casita, le gusta volar su cometa lila, que siempre acaba enganchada en una de mis ramas. Pero dónde nace el viento, ¡eso sí que no lo sé! Lo siento, pequeño. Ve a preguntarle al mar. El viento levanta en él olas enormes. Quizá pueda ayudarte.

Lucho encontró al mar, rizado y saltarín, lanzando destellos brillantes, como si fueran de plata.

–¡Eh, señor Océano! –voceó Lucho–. ¿Puede usted decirme dónde nace el viento?

–¡Caramba, chaval! ¡Qué pregunta tan extraña! Puedo afirmar que hay peces que vuelan como los pájaros. También te puedo asegurar que las ballenas cantan. ¡Ah! También sé que los seres humanos se empeñan en llenarme la panza de suciedad. Sin embargo, dónde nace el viento…, eso no puedo decírtelo. ¡Porque no tengo ni idea! ¿Y si les preguntas a las nubes? Ellas van siempre de aquí para allá, arrastradas por él.

Sin perder un segundo, Lucho subió a la montaña más alta. Desde la cima, se dirigió a las nubes.

–Señoras Nubes, señoras Nubes, ¿pueden ayudarme? ¿Alguna de ustedes sabe dónde nace el viento?

–¡Caray con la preguntita! –respondió una gran nube que parecía de algodón–. No se puede decir que no hayamos descubierto cosas sorprendentes a lo largo de nuestros viajes. Hemos observado a las personas construir rascacielos tan altos que nos hacían cosquillas en la barriga. Hemos contemplado golondrinas volar a Egipto en invierno, buscando el calor, y cohetes atravesar el espacio. Pero nunca, nunca hemos visto el lugar en el que nace el viento.

–Yo, sí –la interrumpió una nube de **crepúsculo**, pequeñita y tímida, que se ponía roja con facilidad.

–No le hagas caso –protestó una malhumorada nube negra de tormenta–. Ella se pasa la vida leyendo y no dice más que tonterías.

–No son tonterías. ¡Mira! –respondió la joven nubecilla.

---

crepúsculo: luz suave que queda en el cielo cuando se pone el Sol.

Y la pequeña nube de crepúsculo le mostró a Lucho un precioso libro titulado *La giganta Natura*.

–A Natura le gusta mucho soplar –comenzó a contar la nube con voz dulce y pausada–. Cuando está tranquila, sopla flojito. Y su soplido se convierte en brisa que acaricia el pelo y hace cosquillas en la nariz. Si está contenta, sopla con fuerza. Su soplido, entonces, hace que baile la ropa en los tendederos, arranca las hojas de los árboles, levanta olas y lleva de viaje a las nubes. Pero al enfadarse, sopla con tanta energía que provoca huracanes y ciclones.

–¡Vaya! –se asombró Lucho.

–Toma –le dijo la nube dándole el libro–. Es mi regalo para ti.

El chico volvió a casa emocionado, se sentó en su silla para pensar y se puso a leer con mucha atención.

Lucho ya se sabe el libro de memoria. ¡Le encanta! Cuenta unas historias preciosas. Todavía no está seguro de si el viento nace de verdad en las entrañas de la giganta Natura, pero tampoco le preocupa mucho, la verdad. Porque piensa que, después de todo, en la vida tiene que haber misterios sin resolver; como, por ejemplo, quién se lleva la Luna cada noche, por qué el señor Saúl no sonríe nunca, qué hay detrás de las montañas azules y adónde van a parar los calcetines que se pierden…

Carmen GIL

Actividades

1. Observa y contesta.

- ¿Qué preguntas se había hecho Lucho con anterioridad?
- ¿Qué pregunta se hace Lucho en este momento?

2. ¿En qué orden fue a preguntar Lucho? Copia y completa.

Primero, Lucho fue a preguntar a ____________. A continuación preguntó ____________.

Después ____________. Por último ____________

3. ¿Quién lo dice? Copia cada bocadillo junto al personaje correspondiente.

No son tonterías.

Sé que los ruiseñores cantan al amanecer.

Anda, anda, no me molestes.

La estola brillante.

El gran tejo milenario.

La nube pequeñita y tímida.

4. Observa y contesta.

- ¿Quién le regaló este libro a Lucho?
- ¿Qué contaba el libro?
- ¿Descubrió Lucho dónde nace el viento en este libro?
- ¿Le siguió preocupando a Lucho el misterio del viento? ¿Por qué?

5. ¿Qué personaje del cuento te ha parecido más simpático? ¿Y más antipático? Explica tus respuestas.

6. ¿Qué lugar prefieres para pasar un rato a solas pensando? ¿Por qué? Escribe sobre ese lugar.

- ¿Qué preguntas te harías tú si tuvieses una silla para pensar? Inventa y escribe.

Y llegó el invierno

En un lejano país vivía una princesa que rechazaba, uno tras otro, a sus pretendientes. Todos le parecían aburridísimos.

«Les pediré una prueba imposible», pensó cansada de atender a sus admiradores. «De esa forma me dejarán en paz».

Así que en cuanto apareció por el palacio un duque que quería pedir su mano, ella le dijo:

–Yo solo me casaré con quien pueda hacer un agujero en el agua.

–Pero alteza..., ¡no sabéis lo que decís! –exclamó el duque–. Eso es imposible.

–Pues no me casaré con vos –contestó ella dando por terminada la conversación.

Pronto empezó a correrse la voz de que la princesa pedía algo imposible a aquel que quisiera ser su esposo y fue disminuyendo el número de pretendientes. La joven estaba encantada.

Una tarde de primavera, la princesa recibió la visita de un príncipe que venía a pedir su mano desde un lugar muy lejano. A orillas del estanque de palacio, ella le dijo al recién llegado:

–Yo solo me casaré con quien pueda hacer un agujero en el agua.

El príncipe se quedó en silencio un instante y luego dijo:

–Muy bien. Solo necesito tiempo. Dentro de seis meses nos volveremos a ver aquí y tendréis lo que me pedís.

La princesa aceptó, aunque se quedó muy sorprendida por la inesperada respuesta de su admirador.

Pasó el tiempo y, por fin, llegó el día señalado. Los dos jóvenes se encontraron en el estanque. Como era invierno, las aguas se habían helado. Después de saludar a la princesa, el príncipe golpeó la superficie del estanque con un bastón. No ocurrió nada. La princesa lo observaba extrañada. El príncipe volvió a dar un golpe con más fuerza. Entonces, el hielo se rompió y se abrió un boquete.

–Ahí tenéis, alteza, vuestro agujero en el agua. ¿Es lo que queríais? –dijo el joven.

Ella se maravilló del ingenio del príncipe y, desde aquel día, los dos se hicieron inseparables.

Poco después del deshielo, con la llegada de las primeras mariposas, se celebró la boda real.

Actividades

1. Contesta.

- ¿Por qué la princesa decidió poner una prueba imposible a sus pretendientes? ¿En qué consistía esa prueba?
- ¿Qué sucedió cuando se fue corriendo la voz sobre aquella prueba?
- ¿Quién aceptó enfrentarse a la prueba que ponía la princesa? ¿Qué dijo que necesitaba?

2. ¿Qué ocurrió entre estas dos escenas? Lee, observa y explica.

3. ¿Qué personaje del cuento te ha gustado más? ¿Por qué? Explica.

Un gran músico

Había una vez un músico llamado Barbad, muy admirado por todos sus vecinos. El joven tenía una prodigiosa voz y se acompañaba al **laúd** para interpretar preciosas melodías.

Aunque Barbad se sentía muy valorado por cuantos oían su música, su verdadera ilusión era llegar a ser músico del rey.

El monarca que reinaba por aquellas fechas en Persia sentía una gran pasión por la música. Pero eran tantos los artistas que lo rodeaban que, desde hacía tiempo, no aceptaba nuevos músicos en su corte.

Sin embargo, Barbad sabía que si el soberano llegaba a conocer su talento, haría una excepción con él. Por eso, el joven artista empezó a merodear por los alrededores del palacio real y, poco a poco, consiguió hacerse amigo del jardinero del rey. Pasado un tiempo, Barbad le pidió que lo dejase entrar en los jardines. Quería esperar a que el rey pasease por allí para interpretar alguna de sus composiciones. El jardinero, dispuesto a ayudarlo, le dijo:

–De acuerdo, pero ¿dónde te ocultarás? Déjame pensar…

–No te preocupes, amigo, un árbol me bastará.

Al día siguiente, Barbad se presentó en los jardines completamente vestido de verde. ¡Hasta había pintado de verde su apreciado laúd! El músico se encaramó a un frondoso árbol y se camufló entre sus hojas. Allí pasó varios días con sus noches, durmiendo **a la intemperie** y calándose hasta los huesos con las lluvias de la primavera.

Por fin, una soleada mañana, Barbad oyó un gran bullicio. ¿Habría llegado el momento que llevaba esperando tantos años? El músico empezó a mirar entre el follaje hasta que divisó al monarca seguido de una amplia **comitiva**. ¡Aquella era su gran oportunidad!

Barbad pulsó las cuerdas del laúd y con su dulce voz entonó una canción tan perfecta y melodiosa que dejó embelesados a los que se acercaban.

–¿Quién eres, músico invisible? –preguntó el monarca–. Déjate ver. Quiero conocerte.

Cuando Barbad terminó su pieza musical, bajó del árbol, se arrodilló delante del soberano y le dijo:

–Señor, durante mucho tiempo he deseado cantar para su majestad. Por fin se ha cumplido mi sueño.

El monarca tomó las manos del artista, lo levantó del suelo y lo abrazó emocionado.

Desde aquel día, Barbad fue el músico preferido del rey y alcanzó una gran fama en todo el país. Pero nunca olvidó al jardinero, que se contaba entre sus grandes amigos.

---

laúd: instrumento musical de cuerda de forma ovalada.

a la intemperie: al aire libre, sin techo ninguno.

comitiva: grupo de personas que acompañan a un personaje importante; séquito.

Actividades

1. Contesta.

- ¿Quién es este personaje?
- ¿Cuál era su mayor ilusión?
- ¿Por qué no aceptaba el rey más músicos en su corte?

2. ¿Por qué Barbad se vistió de verde? ¿Qué hizo a continuación? ¿Quién lo ayudó? Explica.

3. Explica cómo reaccionó el rey al descubrir a Barbad en los jardines de su palacio.

4. ¿Sabes tocar algún instrumento? ¿Cuál? ¿Te gustaría aprender a tocar alguno?

UNIDAD **NUEVE.** NARRACIÓN

9 En las nubes

A Lucas le encanta mirar al cielo y contemplar las nubes. Tiene solo ocho años, pero ya conoce el nombre de muchos tipos de nubes. Un día que su madre estaba sentada delante del ordenador, consultando cosas en Internet, le mostró fotos de nubes muy diferentes y le enseñó sus nombres: cirros, cirrocúmulos, cirrostratos, altocúmulos, lenticulares, estratocúmulos, nimboestratos… Pues sí que había nubes…

De todas formas, a Lucas no le importan demasiado los nombres de las nubes. Porque, cuando observa el cielo, él no ve una nube, sino un pez, un zapato, una seta, el ojo de un búho, un globo, una pluma de indio apache, un abanico, un gusano, un delfín y un montonazo de cosas más.

Los días de sol, cuando el cielo está despejado, le resultan un poco aburridos. Para Lucas, la bóveda celeste, en su inmensidad, es como la pantalla de un enorme videojuego. Sobre todo si las nubes cambian de forma con rapidez, lo que hace que se dispare su imaginación.

Sí, porque, a veces, la nube que le parece la cabeza de un burro se mueve un poco y se transforma en un cucurucho de helado; o si está viendo una raqueta de tenis y cierra los ojos un instante, al abrirlos aparece una luna sonriente y juguetona.

Una tarde de primavera, Lucas vio que un bocadillo de queso gigante se transformaba en un cocodrilo y, luego, en un cruasán. Aquello le dio hambre, así que se fue a la cocina y cogió dos mandarinas. Cuando volvió a la ventana, el cruasán ya no estaba y en su lugar vio una piña tropical.

La verdad es que con las nubes nunca sabes lo que te espera.

Y Lucas no sabía lo que le esperaba aquella tarde, cuando su padre regresó del trabajo. Venía muy contento y les comunicó una gran noticia:

–Esta mañana he estado hablando con los abuelos. Nos invitan a sus **bodas de plata**. Nos regalan el viaje en avión. ¿Qué os parece?

Los abuelos de Lucas vivían en una ciudad que estaba bastante lejos. Siempre iban a verlos en coche, pero había que recorrer tantos kilómetros que tardaban muchas horas y el viaje resultaba muy pesado.

–¡Un viaje en avión! –exclamó el niño emocionado.

Al principio, Lucas ni se lo creía. ¡Iba a hacer su primer viaje en avión! Aquello era maravilloso, fabuloso, impresionante, estupendo, fantástico, fenomenal, increíble, espectacular…

Iba a viajar a mayor altura que los árboles más altos o que las montañas más altas, entre las nubes. Iba a ver de cerca a sus piratas, sus tréboles de cuatro hojas, sus caballos de tres patas, sus sombreros… ¡Iba a ver las nubes por dentro!

Pero eso sería dentro de cinco días… ¡Qué emoción! Luego, ya faltaban cuatro días… ¡Qué sensación! A continuación, solo quedaban tres días… ¡Qué expectación! Después había que esperar únicamente dos días… ¡Qué tensión! Por fin, un día, solo un día… ¡Qué conmoción!

bodas de plata: celebración del 25 aniversario de boda.

Y el gran día llegó. Entonces... ¡Qué sueño! Lucas no había podido dormir casi nada en toda la noche, porque mil preguntas sin respuesta le rondaban por la cabeza: ¿Cómo sería una nube por dentro? ¿El piloto de un avión podía cambiar la forma de una nube? ¿Las nubes eran blandas o duras? ¿Podría sacar la mano por la ventanilla y coger un trozo de nube? ¿Sería posible amasar una nube como si fuera plastilina?

Con todas estas dudas y otras muchas llegó el momento. ¡Qué nervios! Por fin, iba a subir en un avión y viajaría entre las nubes.

Cuando llegaron al aeropuerto, el niño miraba alucinado a su alrededor. Él había visto aviones, despegues, torres de control y largas pistas de aterrizaje en las películas, pero aquello era tan grande y tan fabuloso como nunca hubiera podido imaginar. El aeropuerto era como una ciudad, como un mundo, como un universo... Era como un universo **fulgurante**, donde todo iba muy rápido: la gente, las maletas en la cinta transportadora...

–Que se van, mamá... ¡Han desaparecido por ese agujero!

Las tarjetas de embarque, que Lucas no entendía por qué se llamaban así... ¡Si iban en avión y no en barco! Más gente, el control de policía, un avión que se iba a China...

–Mamá... ¿Y si se han equivocado y se llevan nuestras maletas a China? –preguntaba Lucas, sin poder olvidarse del equipaje.

Gente y más gente, otro avión que venía desde Argentina, una familia con trajes de colorines, un señor con un turbante muy elegante, una cola de gente, el pasillo para embarcar y, por fin, el avión.

Por dentro, el avión era muy grande, con muchos asientos... Lucas se sentó junto a la ventanilla, con su padre al lado y su madre cerca del pasillo. Por los altavoces se escuchó una voz un poco rara que decía que era el comandante Fernández y que les daba la bienvenida. Luego, otra voz, más rara todavía, explicaba cosas y cosas mientras las azafatas movían los brazos como si bailaran despacito...

De pronto... ¡Oh! ¡El avión se movía! Se movía muy lentamente, pero se movía.

Lucas sintió un agradable calorcillo por todo el cuerpo. El avión aumentó la velocidad. Las azafatas pasaron rápidamente cerrando las puertas de los **compartimentos** superiores y comprobando que todos los pasajeros llevaban abrochados los cinturones de seguridad.

El avión corría por la pista cada vez más rápido... Los motores sonaban y sonaban... ¡Iban a despegar!

Y así fue. De repente, el avión empezó a levantarse y se fue elevando más y más. Por la ventanilla, Lucas veía campos y colinas, valles y riachuelos, coches y carreteras, casas y árboles, camiones y fábricas... Todo cada vez más pequeño, hasta hacerse diminuto. ¡Era fantástico! ¡Y eso que todavía no habían llegado a las nubes!

El niño se sentía ya muy relajado, después de tanta tensión. ¡Qué a gusto estaba! ¡Qué bien! Mmmm...

---

fulgurante: espectacular.

compartimentos: espacios cerrados que, en el interior de los aviones, se usan para guardar el equipaje.

–¿Qué pasa? ¿Te quieres quedar aquí con nosotros?

Lucas abrió los ojos extrañado. Vio una cara que parecía la de un ángel, que sonreía como un ángel, y unos ojos que brillaban como los de un ángel con ojos brillantes.

–¿Ya hemos llegado? –preguntó confundido el niño.

–Claro –contestó una voz que sonaba como la de un ángel.

Los padres del pequeño estaban cogiendo los bolsos, ya de pie en el pasillo. ¡No podía ser! Después de tantos días esperando este momento… ¡No podía ser! ¡No había visto las nubes por dentro! ¡Qué mala suerte!

Ahora lo entendía todo. Estaba tan cansado que se había dormido.

Entonces… ¿No había estado dentro del nido gigante de un águila jugando con sus dos polluelos? ¿No había llenado de globos de colores un almacén vacío con su amigo David? ¿No había tirado miles de cubos de agua desde un cirrocúmulo para regar el bosque? ¿No había estado en la tienda de patas de palo para piratas muy malos? ¿No había volado con las hadas? ¿No lo había acariciado un ángel? ¿Nada de todo aquello era verdad? ¿Todo había sido un sueño? ¿Todo, todo?

No, porque junto a él había un ángel sonriendo. Aunque aquel ángel parecía, en realidad, una azafata.

–¡Hasta pronto! –se despidió de Lucas la joven revolviéndole el pelo.

Lucas sonrió. Ya no estaba disgustado. Sabía que tendría otra oportunidad, en el viaje de vuelta, para ver las nubes por dentro.

Rafael ORDÓÑEZ CUADRADO

Actividades

1. Contesta.

- ¿Qué curiosa afición tenía Lucas?
- ¿Qué gran noticia anunció el padre de Lucas una tarde?
- ¿Por qué le emocionaba tanto ese viaje a Lucas?
- ¿Por qué Lucas durmió tan poco la noche anterior al viaje?

2. Cuenta lo que vivió Lucas dentro del avión, desde que se sentó hasta el momento del despegue.

3. Observa, lee y contesta.

- ¿Quién creía Lucas que le estaba hablando?
- ¿Quién le estaba hablando en realidad?
- ¿Qué le había pasado a Lucas durante el vuelo?
- ¿Cómo se sintió Lucas al darse cuenta de lo que le había pasado?

4. ¿Cuál de estas imágenes ocurrió en la realidad? ¿Cuáles de estas imágenes corresponden a sueños de Lucas? Explica.

Ⓐ

Ⓑ

Ⓒ

Ⓓ

5. Cuenta algún viaje que hayas hecho en avión, en tren, en barco… Explica qué es lo que más te gustó y cómo te sentiste.

La liebre y el erizo

Una mañana, bien temprano, un erizo salió a dar un paseo y se encontró con una liebre.

–Buenos días, señora liebre –dijo el erizo.

–¿Dónde vas a estas horas, pequeñajo? –preguntó la liebre con actitud **arrogante**.

–Voy a subir aquel monte. Estoy haciendo ejercicio.

–¿Haciendo ejercicio, dices? Pero si eres **patizambo**…

El erizo se sintió humillado. No le gustaba que se burlaran de sus patas, cortas y torcidas. Y, en un pispás, tuvo una idea.

–¿Acaso crees que tus patas son mejores que las mías? Hagamos una carrera –propuso–. Te apuesto lo que quieras a que corro más deprisa que tú.

–No me hagas reír. Tú, con tus piernas torcidas, ¿ganarme a mí, a toda una liebre? Pero acepto la apuesta y te dejaré en ridículo.

–Antes de la carrera quiero ir a mi casa para desayunar y coger fuerzas –dijo el erizo–. Si te parece bien, dentro de media hora nos veremos en la cima de aquel monte.

La liebre se mostró conforme y el erizo regresó a su madriguera. Rápidamente avisó a su vecino, que tenía las piernas cortas y patizambas como él, y le contó su apuesta con la liebre.

–¿Ves los surcos arados en aquella colina? Pues allí haremos la carrera. Lo único que tienes que hacer es esconderte al pie del monte y, cuando llegue la liebre, decirle: «Yo he llegado primero».

Los dos amigos se pusieron en camino. El vecino se escondió tras una vid en la parte baja del monte, y el erizo se dirigió al lugar indicado. Llegó jadeando por el esfuerzo y vio que la liebre estaba ya esperándolo. Inmediatamente se situaron en la línea de salida.

–Uno, dos y tres –contó la liebre, y salió disparada como una flecha monte abajo.

El erizo, en cambio, apenas dio unos pasos y se tumbó a descansar.

Cuando la liebre llegó al pie del monte, se quedó muy sorprendida al ver al erizo allí, esperándola.

–Yo he llegado primero –dijo el erizo.

–¡No es posible! Repitamos la carrera, ahora en el otro sentido –exclamó la liebre. Y, de nuevo, salió disparada como un rayo.

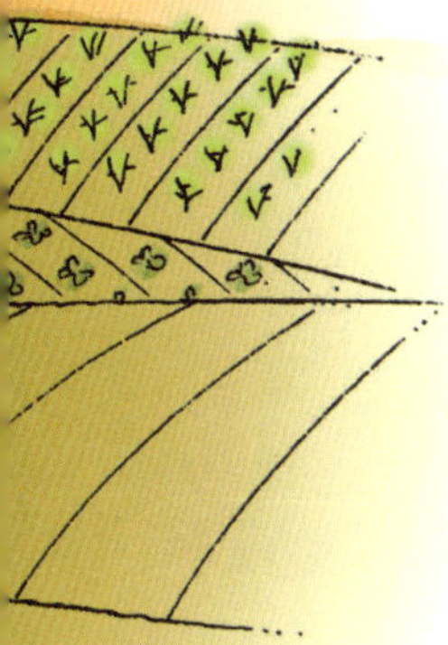

En un santiamén, la liebre llegó a la cumbre y el erizo le salió otra vez al encuentro mientras decía:

–Yo he llegado primero.

La liebre se quedó **perpleja** y le propuso a su contrincante:

–Aquí hay gato encerrado. ¡Volvamos a empezar!

Repitieron la carrera setenta y tres veces. A la setenta y cuatro, la liebre, agotada, se desmayó en medio del monte. Los dos erizos volvieron a casa muy satisfechos de la lección que le habían dado a aquel presumido animal.

Basado en los hermanos GRIMM

---

arrogante: muy orgulloso, que se siente superior a los demás.

patizambo: que tiene las piernas torcidas hacia afuera.

perpleja: confusa, asombrada.

Actividades

1. Contesta.

- ¿Por qué se sintió humillado el erizo?
- ¿Qué le propuso a la liebre? ¿Por qué se lo propuso?
- ¿A quién le pidió ayuda el erizo?

2. Explica cómo consiguió el erizo engañar a la liebre.

3. Copia las afirmaciones verdaderas y corrige las falsas.

✓ La liebre era engreída y orgullosa.

✓ El erizo era más rápido que la liebre.

✓ El erizo era más listo que la liebre.

✓ El erizo pidió ayuda a su vecino.

✓ La liebre descubrió el engaño del erizo.

✓ Al final, la liebre se marchó satisfecha.

La mariposa

La mariposa de terciopelo
entre las flores remonta el vuelo.

La mariposa vive en un prado
todo cubierto de manzanilla;
reina el silencio, solo ha escuchado
tintinear a una campanilla.

La mariposa de celofán
lame el estambre de un tulipán.

La mariposa no va a la escuela,
nace sabiendo lo que precisa:
logra orientarse, mastica, vuela,
y se desprende de su camisa.

La mariposa multicolor
se baña en polen sobre una flor.

Se ha enamorado la mariposa,
con toda el alma, de un *papillon*,
y se han casado sobre una rosa
al suave son de un acordeón.

La mariposa, luz y papel,
se va de viaje: luna de miel.

Antonio A. GÓMEZ YEBRA

Salta, salta

Salta, salta, saltamontes,
por los valles, por los montes.

Sube, baja, baja, sube,
hasta alcanzar una nube.

Salta, salta, saltador,
hay música en tu interior.

Corre, trota, trota, corre,
por encima de la torre.

No lo dejes, salta, salta
hasta la cumbre más alta.

Salta, salta sin parar:
nunca dejes de saltar.

Antonio A. GÓMEZ YEBRA

Se ha caído una estrella

Se ha caído una estrella
de lo más alto del cielo,
pero nadie la ha encontrado
por el suelo.

Debe de ser muy pequeña,
apenas recién nacida,
estará muerta de miedo
y escondida.

Tendrá muchísimo sueño,
y ella el frío no lo aguanta;
que le lleven, por favor,
una manta.

Se ha caído una estrella
y andará por ahí perdida;
estamos todos temiendo
por su vida.

Antonio A. GÓMEZ YEBRA

Taller

1. Copia los versos del poema *La mariposa* que corresponden a cada dibujo.

Ⓐ

Ⓑ

Ⓒ

2. Lee y escribe otras rimas parecidas cambiando solo las palabras destacadas.

hermosa	graciosa
curiosa	revoltosa
mimosa	dichosa
silenciosa	misteriosa
maravillosa	espinosa

Se posa la mariposa
sobre una **preciosa** rosa.
¡Qué **revoltosa**!

Se posa la mariposa
sobre una **hermosa** rosa.
¡Qué ____________!

10 UNIDAD **DIEZ.** NARRACIÓN
Una brujita espacial

En la ladera de la montaña de los Olvidos había un único camino que conducía a la cueva de los Lobos. En esta cueva, de entrada ancha y bien acondicionada en su interior, vivía una familia de brujos.

La madre bruja trabajaba en la reparación de escobas voladoras; el padre brujo embotellaba, una a una, pócimas mágicas que vendía por los pueblos de los alrededores.

La pareja de brujos tenía dos hijos. El mayor había estudiado en la mejor universidad del mundo brujeril. Se había especializado en brebajes y hasta era capaz de fabricar potingues para hacer crecer el pelo en las escamas de los caimanes. En resumen, el muchacho era una **lumbrera**.

La hija pequeña, en cambio, era soñadora y muy despistada, y lo que aprendía por el día lo olvidaba por la noche.

–A ver, dime, hija: dos más dos.

–Treinta.

–Que no, hija. Dos más dos.

–Ya no me acuerdo, mamá.

Al oír aquello, el padre dejaba de embotellar sus brebajes, miraba a la pequeña, movía la cabeza y decía apesadumbrado:

–¡Ay, hija! Si te parecieses solo un poquitín a tu hermano…

Y en esas ocasiones, la brujita se quedaba bastante tristona.

En verano apareció una noticia en los periódicos que informaba sobre el último trabajo de investigación del hijo mayor de los brujos.

Descubierta una fórmula mágica para eliminar el hipo de los elefantes

De nuestro corresponsal en los laboratorios Brujiner

El hijo de los brujos de la cueva de los Lobos, después de meses de investigación, ha dado con una fórmula para eliminar el hipo que tanto preocupaba a los elefantes africanos y asiáticos. El elixir, de color naranja y sabor a piña, elimina el hipo elefantil de manera inmediata.

La Agrupación de Elefantes Unidos (AEU) ha decidido, por unanimidad, otorgar el premio Trompa de Plata al eminente investigador.

El investigador premiado con el trofeo concedido.

Los padres se pusieron más contentos que unas castañuelas, recortaron la noticia del periódico, buscaron un marco de madera y lo colgaron en la misma entrada de su casa, al lado de las fotos de los abuelos y de una tía lejana que había trabajado de bruja en el cuento de Blancanieves.

–¡Ay, hija! –se lamentó la madre–. ¿Cuándo podremos recortar alguna noticia del periódico en la que aparezcas tú?

Y la brujita agachó la cabeza y se retiró ella sola a un rincón. Allí se puso a pensar y a pensar. ¿Qué podía hacer para que sus padres se sintieran orgullosos de ella? De pronto tuvo una idea. ¡Inventaría algo importante! ¡Algo que llegase a ser tan sonado que los mejores periódicos del mundo se hicieran eco de la noticia!

---

lumbrera: persona que destaca por su inteligencia.

Así que cogió un papel y un lápiz y se fue hasta el fondo de la cueva. Allí se sentó sobre una piedra plana, se puso la mano en la frente, para poder pensar mejor y empezó a tomar nota de todas sus ocurrencias: una silla con dos patas, una máquina para cazar moscas al vuelo, un aparato para detectar ratones colorados y una cacerola con alas.

De las cuatro posibilidades, decidió empezar por la primera. Así que cogió una silla, aserró dos patas e intentó sentarse sobre ella. Después de darse un batacazo impresionante, consideró que no era una idea demasiado brillante.

–No pasa nada –dijo la brujita–. ¡Fabricaré un cazamoscas automático!

Entonces se fue a buscar el matamoscas normal y corriente que había en la cueva y consiguió también un muelle gordo y una goma de tirachinas. Unió las tres piezas con cinta adhesiva y ató la goma al tirador de un cajón de la cocina. Luego, se sentó en el suelo y esperó un instante a que aterrizara alguna mosca despistada cerca del **artilugio**.

–Mosca a la vista –murmuró unos minutos después.

En ese momento tiró del matamoscas hasta que la goma y el muelle se pusieron tensos, muy tensos. Luego, soltó el matamoscas, que salió disparado, llevándose detrás el muelle, la goma y el cajón de la cocina, en dirección contraria al lugar en el que se había posado la mosca.

–¿Qué ha sido eso? –preguntó la madre, desde el taller de reparaciones, tras escuchar aquel tremendo estrépito.

–Nada, mamá. Se me ha caído una cosa.

–¿Qué pasa en la cocina? –preguntó también el padre mientras estaba rellenando unos recipientes con pócimas antiarrugas.

–Nada, nada, papá. Se me han caído unos cubiertos. Ahora los recojo.

La brujita empezó a sentirse abatida. Si esos dos inventos, que parecían bastante fáciles, habían sido tan desastrosos, ¿cómo iba a embarcarse en un detector de ratones o en una cacerola alada?

–Tendré que pensarlo mejor –se dijo antes de acostarse.

A la mañana siguiente, la pequeña bruja se levantó con los ánimos renovados. Y justo después del desayuno se le ocurrió una magnífica idea que le hizo exclamar en voz alta:

–¡Iré a la Luna volando!

Ningún brujo ni ninguna bruja había hecho jamás semejante proeza. Así que se puso manos a la obra. Empezó a buscar el equipo que consideraba necesario: un casco de motorista, un mono de mecánico de color azul y unas botas de agua que su padre utilizaba en los días de lluvia. Se lo puso todo y se miró en el espejo.

–No tengo mucha pinta de astronauta… –musitó decepcionada.

Pero siguió completando el vestuario con una chaqueta acolchada y una bufanda a rayas que le daba seis vueltas al cuello. Como complemento, se puso una pila encima del casco y una chapita de metal, que anunciaba una bebida de moda, en la solapa de la chaqueta.

Entonces se volvió a mirar en el espejo y se dio por satisfecha.

artilugio: aparato o mecanismo raro o complicado.

Más o menos al mediodía, el padre se dirigió a uno de los pueblos vecinos, en el que había una feria medieval, con el objetivo de montar un puesto para vender sus pócimas mágicas. Y la madre decidió ir también, para comprar patatas, lechugas, berenjenas y garbanzos.

La brujita aprovechó la circunstancia y echó mano a tres escobas voladoras acabadas de reparar. Las unió con cinta adhesiva y, a continuación, pegó sobre ellas un papel en el que escribió con letras mayúsculas «BRUJA I». Y en la línea de abajo, también con buena letra, añadió «Cohete espacial».

Con todo el material dispuesto, subió a la cima de una montaña. Una vez allí, pronunció estas palabras mágicas:

Que las tres escobas,
todas a una,
me lleven a la Luna.
Estoy dispuesta a partir.
Y solo he de decir
abracadabra, pata de cabra,
para volar hasta allí.

Las tres escobas se pusieron en marcha con tanto estruendo que temblaron las piedras de la montaña. El estruendo espantó también a una familia entera de murciélagos que estaba durmiendo en una cueva próxima.

–¿Qué ha sido eso, papá? –preguntó asustado un pequeño murciélago.

–No lo sé, hijo. Jamás había oído un ruido así.

Un lobo solitario, que se había pasado la noche aullándole a la Luna, se despertó de un salto y dijo extrañado:

–¡Qué raro! No hay ninguna fiesta y están disparando cohetes...

Mientras los animales de la comarca se hacían mil preguntas sobre el origen de aquel estruendo, la brujita intentaba mantener el vuelo en equilibrio. Pero, casi enseguida, las tres escobas empezaron a emitir un ruido sospechoso. Entonces recordó que no había llenado de combustible los depósitos de las escobas ni había repuesto las pilas de sus respectivos motores de arranque. ¡Demasiado tarde! El despiste le iba a costar muy caro, porque las tres escobas dejaron de funcionar a la vez.

La brujita solamente tuvo tiempo para comprobar que llevaba el casco bien puesto antes de caer sobre el toldo del puesto en el que la madre estaba comprando las patatas, las lechugas, las berenjenas y los garbanzos.

–¡Hija!

–¡Mamá!

–¿Qué hacías con esas escobas?

–Quería llegar a la Luna y ser famosa como mi hermano –consiguió explicar la brujita mientras un ejército de médicos empezaba a reconocerla y se la llevaba en una camilla.

Al día siguiente, el periódico daba una noticia en primera página, con una foto en la que aparecía una brujita vendada como las momias.

Una joven bruja da el primer paso para llegar a la Luna

De nuestro corresponsal en la montaña de los Olvidos

La hija de los brujos de la cueva de los Lobos da un gran paso en la carrera espacial indicando las pautas que han de seguir los científicos brujeriles para llegar a la Luna. En su primer intento de alcanzar dicho satélite, la brujita acabó sobre el toldo de una verdulería. Pese a todo, la comunidad científica ha tomado buena nota del artilugio que la joven astronauta diseñó para conseguir su objetivo.

La joven bruja se recupera satisfactoriamente en el hospital.

El padre brujo y la madre bruja recortaron la noticia del periódico, le pusieron un marco de madera y lo colgaron en la entrada de su casa, al lado del recorte de prensa de su hijo y junto a las fotos de los abuelos y de la tía lejana que había trabajado de bruja en el cuento de Blancanieves.

Enric LLUCH

Actividades

1. Contesta.

- ¿En qué trabajaba la madre bruja? ¿Y el padre brujo?
- ¿Cómo era el hijo mayor de los brujos?
- ¿Por qué apareció el hijo mayor de los brujos en el periódico?
- ¿Cómo era la brujita pequeña?

2. ¿Qué intentaba hacer la brujita? ¿Por qué quería hacerlo? Observa y explica qué pasó en cada caso.

Ⓐ

Ⓑ

3. Explica cómo se vistió la brujita de astronauta.

4. Contesta.

- ¿Qué utilizó la brujita para ir a la Luna?
- ¿Por qué falló su invento?
- ¿Dónde cayó la brujita?

5. ¿Qué aparece en cada cuadro? ¿Quiénes son? Explica.

6. Haz una lista de inventos disparatados.

UNIDAD **DIEZ.** CUENTO HINDÚ

Frente a frente

En un lejano país vivían hace mucho tiempo un **alfarero** y un lavandero. El lavandero era muy alegre y trabajador; por eso, su negocio marchaba viento en popa. Al alfarero, por el contrario, no le iban las cosas tan bien como él deseaba; por eso envidiaba profundamente la suerte del lavandero.

Cierto día, el alfarero decidió jugar una mala pasada a su vecino. Y, ni corto ni perezoso, se presentó ante el rey y le dijo:

–Majestad, he oído que sentís predilección por los elefantes. Y sin duda querríais tener un elefante blanco. Mi vecino es un excelente lavandero; si se lo pidierais, él podría lavar uno de vuestros elefantes grises y dejarlo blanco como la nieve. Así os convertiríais en el dueño del único elefante blanco del mundo.

El rey, que no era muy listo, se creyó lo que contaba el alfarero y mandó buscar al lavandero.

Cuando el lavandero se presentó ante el monarca, este le ordenó:

–Quiero que laves a ese elefante de modo que quede todo blanco.

Al escuchar aquella orden, al lavandero le dieron ganas de reírse, pero vio el aire **grave** del rey y se contuvo. Como ya había adivinado quién era el causante de aquel lio, le contestó al soberano:

–Señor, haré todo lo posible por complaceros. Pero no podré lavar vuestro elefante con agua y jabón si no dispongo de un recipiente lo suficientemente grande para poder meter el animal dentro. Y la única persona capaz de hacer un recipiente así es el alfarero.

Entonces, el rey hizo llamar al alfarero y le dijo:

–El lavandero necesita un gran recipiente para poner al elefante en remojo. Así pues, te ordeno que construyas un barreño que sea lo suficientemente grande para que quepa mi elefante.

El alfarero se vio atrapado en sus propias redes. No obstante, reunió toda la arcilla que fue capaz de encontrar y trabajó durante días hasta que consiguió fabricar un recipiente enorme.

Una vez terminado, lo llevó a palacio, pensando que la magnitud de su cacharro correría de boca en boca y su fama se extendería por todos los rincones del reino.

Cuando el rey vio el recipiente, mandó llamar al lavandero. Este llenó de agua el enorme barreño y pidió que metieran el elefante dentro. Los guardias de palacio así lo hicieron. Pero apenas el elefante puso la pata en el recipiente, la arcilla se quebró y se rompió en mil pedazos.

Al ver lo sucedido, el rey ordenó castigar al alfarero. Pero el lavandero, que era una persona de buen corazón, **intercedió** por él, y el rey finalmente lo perdonó.

Desde entonces, el alfarero olvidó sus envidias y se mantuvo siempre agradecido al lavandero.

---

alfarero: artesano que fabrica vasijas y utensilios de barro.

grave: serio, que causa respeto.

intercedió: rogó en favor de alguien.

Actividades

1. Contesta.

- ¿Quién le dio al rey la idea de lavar al elefante?
- ¿Quién pidió un recipiente para meter al elefante?
- ¿Quién construyó el recipiente? ¿Quién lo rompió?

2. Lee y contesta.

- ¿Para qué le dijo el lavandero al rey que necesitaba un recipiente?
- ¿Para qué pidió el recipiente en realidad?

3. ¿Qué personaje del cuento te ha parecido más listo? ¿Por qué? Explica.

Una de piratas

PERSONAJES

- Narradora 1
- Narradora 2
- Johnny
- Narrador
- Cordelia
- Boquerón
- Anastasia
- Otilio
- Salmonete
- Roquefort
- Mensajero
- Cabeza 1
- Cabeza 2
- Cabeza 3
- Bruja Federica
- Bruja Fermina

NARRADORA 1: En el puerto de los Siete Mares, una pandilla de piratas trajinaba afanosamente.

NARRADORA 2: El pirata Johnny el Rata, un corsario patoso y atolondrado, que se mareaba hasta en una colchoneta de playa, estaba empeñado en enseñar a su loro a recitar un trabalenguas.

JOHNNY: Vamos, lorito, vamos. Repite lo que te digo:
Tres tristes tigres comían trigo en un trigal...
¡Un tigre, dos tigres, tres tigres!

NARRADOR: Mientras tanto, Cordelia, la abuelita pirata, tejía un pantalón con ocho perneras para el pulpo Tomás, que pillaba un resfriado cada dos por tres.

CORDELIA: ¡Qué lata con tanta pata!

NARRADORA 1: A su lado, el pirata Boquerón se entrenaba en el noble arte de dormir a pierna suelta y lanzaba ronquidos atronadores.

BOQUERÓN: Romromromrrrrrrr... Sssssssss...
Romromromrrrrrrr... Sssssssss...

NARRADORA 2: No lejos de él, la bucanera Anastasia, el pirata Otilio y el grumete Salmonete cantaban, como siempre, a voz en grito, desafinando como **grajos**.

ANASTASIA:

El pirata Johnny, es cierto,
aunque nadie se lo crea,
solo es feliz en el puerto,
porque el pobre se marea.

OTILIO:

El fantasma polizón
se pasea por cubierta,
aullando sin ton ni son,
y a menudo nos despierta.

SALMONETE:

El más pesado de todos
es el loro, ¡qué tormento!,
pues charla hasta por los codos.
No se calla ni un momento.

NARRADOR: Y con tapones en los oídos, para no volverse loco, el cocinero Roquefort preparaba una sopa con cabezas de besugo y algas.

---

grajos: aves parecidas al cuervo, que emiten un desagradable graznido.

ROQUEFORT: *Pego qué guica me va quedag. ¡Paga chupagse los dedos!*

NARRADORA 1: Y en esas estaban cuando un mensajero, arrastrando un enorme baúl, apareció por entre los barcos y se topó con Johnny.

MENSAJERO: Busco al pirata Johnny el Rata. ¿Es usted?

JOHNNY: El mismo que viste y calza.

MENSAJERO: Traigo un paquete. Bueno, más que un paquete, un baúl. ¡No vea lo que pesa! ¡Ah! Y lleva una nota.

NARRADORA 2: La escueta nota decía así:

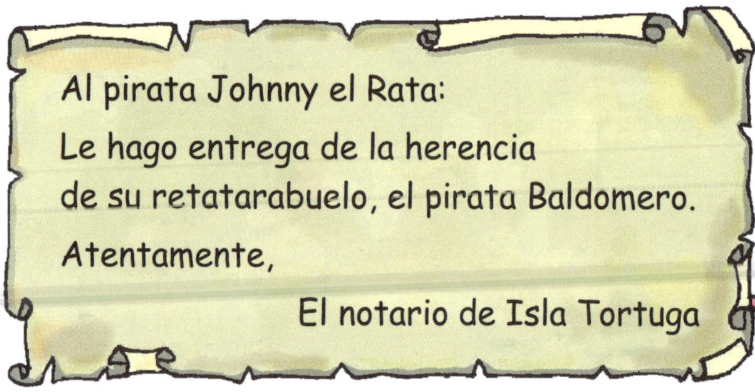
Al pirata Johnny el Rata:
Le hago entrega de la herencia
de su retatarabuelo, el pirata Baldomero.
Atentamente,
El notario de Isla Tortuga

NARRADORA 1: Johnny la leyó, abrió el baúl y se quedó patidifuso.

JOHNNY: ¡Caramba! ¡Oro, plata, piedras preciosas! ¡Menudo tesoro!

NARRADOR: Aprovechando el despiste de sus compañeros, Johnny se despidió a la francesa, arrastrando su pesado baúl.

JOHNNY: Tengo que buscar un buen escondite.

NARRADORA 1: Y camina que te caminarás, llegó a la cueva del dragón de las tres cabezas.

JOHNNY: ¿Me permitís que esconda aquí mi tesoro?

CABEZA 1: ¡Ah, no! ¡Ni hablar! Tengo una jaqueca que me trae de cabeza.

CABEZA 2: Yo estoy muy ocupada, dándole vueltas a la cabeza, buscando la solución a una adivinanza.

CABEZA 3: Yo intento descabezar un sueñecito.

NARRADOR: Johnny no quiso perder más tiempo con aquel dragón impertinente y se dirigió a la cueva de las brujas.

JOHNNY: ¿Me permitís que esconda aquí mi tesoro?

BRUJA FEDERICA: No me molestes, pirata pesado, que estoy a punto de preparar una poción para convertir a los niños en babosas.

BRUJA FERMINA: Y yo estoy requeteconcentrada con mi cursillo de magia por Internet.

NARRADORA 1: El pirata Johnny decidió entonces buscar una cueva deshabitada. Cuando la encontró, arrastró su tesoro hasta el fondo de la gruta y se sentó a vigilar en la entrada.

JOHNNY: ¡Ay! Me parece que alguien se acerca por la derecha a robarme mi herencia. ¡Ay! Creo que alguien viene por la izquierda a apoderarse de mi baúl. ¡Ay! Oigo un ruido por detrás. ¡Ay! Me parece haber visto una sombra por allí delante.

NARRADORA 2: El pobre pirata se pasó varios días con sus noches sin pegar ojo, temeroso de que alguien le quitara su herencia. No comía, no dormía y, por supuesto, no había vuelto a sonreír.

JOHNNY: ¡Esto no es vida! Con lo feliz que vivía yo en el puerto con mi pandilla, enseñándole a decir trabalenguas a mi loro y jugando al parchís.

NARRADOR: ¡Claro! Porque lo que no se comparte, no se disfruta. Por eso, Johnny decidió hacer partícipes del tesoro a sus amigos. ¿Y sabéis qué hicieron con él? Crear un hogar para gatos abandonados.

NARRADORA 1: Y desde entonces viven requetefelices recogiendo mininos desamparados y cuidando de ellos.

NARRADORA 2: ¡Ah! Y cantando a voz en grito su canción preferida, con la música de *Bartolo tenía una flauta*.

TODOS:

El cocinero francés
nos prepara arenque ahumado
y también ricos suflés
con las tripas del pescado.
El grumete Silver, ¡rayos!,
canta mientras limpia a bordo
y suelta tamaños gallos
que deja a cualquiera sordo.
El timonel es novato:
navega con desatino
y se pierde todo el rato.
¡Nunca llega a su destino!

Carmen GIL

11 UNIDAD **ONCE.** NARRACIÓN

Eulalia, hada madrina a domicilio

Como todo el mundo sabe, los seres marinos se desplazan hacia delante. La sirena nada alegremente moviendo la cola como un abanico. Los pulpos se arrastran por el fondo del mar con sus ocho tentáculos. Las sardinas van de aquí para allá en pandilla, lanzando destellos de plata. Pero todos, eso sí, miran siempre al frente. Bueno, todos no. Porque hay un crustáceo pequeño, que vive entre algas y piedras, al que le encanta caminar de lado. Sí, sí, de lado. Semejante atrevimiento le costaba las burlas de sus vecinos más guasones. El tiburón, por ejemplo, un perdonavidas que se pasaba el rato chinchando al prójimo, no desaprovechaba la oportunidad de reírse de él.

–¿Qué te pasa, amigo, se te ha averiado el GPS?

Y en sus mofas, encontraba pronto compañía, porque la ballena y la tortuga gigante no tardaban en imitarlo.

–No te olvides de poner el intermitente –le gritaba la ballena.

–En mis 150 años de vida no vi jamás un ser más **lunático** que tú –añadía **parsimoniosamente** la tortuga.

Tadeo, que así se llamaba el cangrejo, corría a esconderse bajo las rocas. No alcanzaba a entender lo que le ocurría. Él no se metía con nadie. ¿Por qué no lo dejaban en paz?

Un día, Tadeo tomó una decisión: buscaría la ayuda de un hada madrina. A Cenicienta le había funcionado. Muy ilusionado, cogió la *GHMD (Guía de Hadas Madrinas a Domicilio)* y se puso a buscar entre sus páginas. Encontró al hada Anastasia, que estaba de rebajas y hacía dos encantamientos por el precio de uno; al hada Gumersinda, que regalaba un bote de polvitos mágicos con cada **sortilegio**; al hada Eleuteria, que presumía de ser la más barata del mercado... Sin duda, la crisis estaba afectando también al mundo de las hadas. Después de un rato, dio por fin con la que buscaba: el hada Eulalia, especializada en encantamientos **XXL**, para seres de gran tamaño.

–Esta es la que necesito –dijo tocando las castañuelas con sus pinzas.

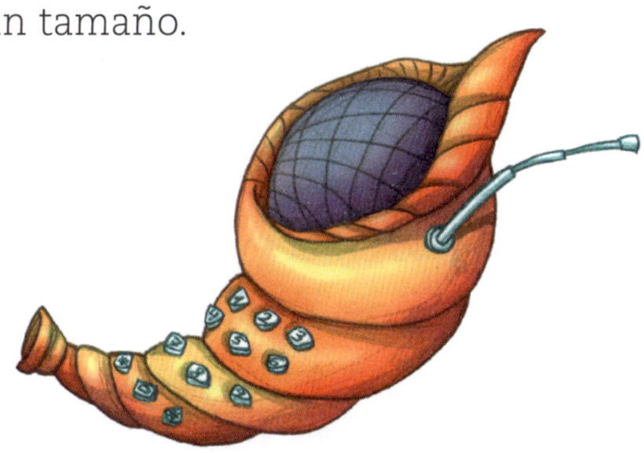

Tadeo cogió su caracola de última generación y se la puso en la oreja:

–Con el hada Eulalia, por favor.

El cangrejo explicó su caso. Y no había hecho más que colgar cuando ya tenía a su lado a un hada con varita y cucurucho, gafas, aletas y tubo.

–¡Vaya! He trabajado en la Conchinchina con elefantes de largas trompas; en castillos medievales, encantando dragones a diestro y siniestro; en el País de los Cuentos, meneando mi varita delante de gigantes a los que no les llegaba ni al tobillo... Pero jamás había trabajado en un lugar tan mojado. Yo, que soy un hada de secano. Quién me lo iba a decir...

–Se lo agradezco mucho –la interrumpió Tadeo, que no había tardado en darse cuenta de que el hada era muy aficionada a la **cháchara**.

–Ay, hijo, trátame de tú. Después de todo, solo tengo 327 años. Precisamente, ayer fue mi cumpleaños y di una superfiesta, mejor que la del hada Margarita, dónde va a parar. Vino hasta Campanilla, ¿la conoces? Pero tuvo que irse temprano, porque Peter Pan no se las apaña sin ella. Y...

---

lunático: que tiene manías y hace locuras.

parsimoniosamente: lentamente.

sortilegio: hechizo, encantamiento.

XXL: talla extragrande.

cháchara: charla sobre temas sin importancia.

Cuando vio que se acercaba el tiburón enseñando sus dientes, Tadeo la interrumpió de nuevo:

–Hada Eulalia, mira.

–Así que este es uno de los bravucones que te da la lata…

–¡Caramba, cangrejito, veo que te has buscado una amiga! ¿Anda de lado, como tú? –se burló el tiburón.

Antes de que el pez tuviera tiempo de decir nada más, Eulalia cogió una de las varitas mágicas que guardaba en su bolso y, apuntando a su hocico, pronunció estas palabras mágicas:

Que se vuelva el tiburón
miedoso como un ratón
y se transforme en chanquete.
¡Y todo en un periquete!

Con un revoloteo de burbujas de colores, el enorme pez se convirtió en diminuto chanquete, que, temblando más que un flan, huyó a ocultarse entre los corales.

–¡Vaya!

Tadeo estaba boquiabierto y no acertaba a decir otra cosa.

Este silencio fue, por supuesto, aprovechado por el hada para continuar con su parloteo.

–Como te iba diciendo, amigo, el hada Margarita es una presumida incorregible. Desde que se ha hecho famosa por transformar calabazas en carrozas, no hay quien la aguante. Y total, tampoco es para tanto. Yo convierto berenjenas en triciclos, y no me conoce nadie. Además…

–Hada Eulalia –la cortó una vez más Tadeo–. ¡La ballena!

–Hola, Tadeo. ¿Sigues yéndote hacia un lado como los carritos de los hipermercados? –se rio el imponente animal.

–Conque te gusta reírte –farfulló Eulalia–. Pues te vas a enterar.

Y con un meneo de varita, pronunció su sortilegio:

Que a esta ballena, deprisa,
le dé un ataque de risa,
el más tronchante del mar,
y se ría sin parar.

Jajajajá, jejejejé, jijijijí, la ballena se largó de allí sin dejar de soltar carcajadas.

Como si nada hubiera pasado, Eulalia siguió con su interminable discurso.

–¡Menuda humedad hace aquí abajo! Desde luego, esto de ser hada madrina no está pagado. Debes tener el móvil siempre encendido por si se presenta una urgencia. Lo mismo tienes que ir al Polo de madrugada para rescatar a un oso, que presentarte en un pispás en mitad del desierto para echar una mano a un dromedario. ¿Y vacaciones? ¡Ni hablar! Cuando estás tumbada plácidamente en una playa, recibes la llamada de socorro de un hipopótamo. Y claro…

–Eulalia –por cuarta vez Tadeo intervino para frenar la cascada de palabras del hada–. Vuélvete, por favor.

Eulalia se giró y se dio de narices contra el caparazón de una tortuga gigantesca.

–Soy Amaranta, y no me gustan nada, pero que nada de nada, las hadas madrinas charlatanas. Y menos si acompañan a seres chocantes empeñados en andar de lado, cuando todo el mundo sabe que lo normal y lo decente es andar de frente.

A Eulalia se le agotó la paciencia y, varita en mano, formuló un encantamiento:

La tortuga, sin desmayo,
va a cantar igual que un gallo,
quiquiriquí, todo el día,
hasta tener afonía.

Inmediatamente, Amaranta se retiró buceando y diciendo quiquiriquí.

–¡Misión cumplida! –dijo Eulalia con cara de satisfacción–. Ya han recibido su merecido esos fanfarrones. Pero la verdad, Tadeo, es que no te veo muy contento.

–Es que me da un poco de pena. ¿No habrás sido demasiado severa?

–Hijo, el caparazón lo tendrás duro, pero lo que es el corazón lo tienes de mantequilla. No te preocupes, que los efectos de mis encantamientos solo duran un rato. En unos minutos, volverán a ser el tiburón, la ballena y la tortuga de siempre. Y ahora llegó el momento de marcharme.

Diciendo esto y sin dar lugar a despedidas, pues la ponían muy nerviosa, el hada desapareció ante la mirada atónita de Tadeo. Pero con las prisas se dejó olvidada una de sus varitas mágicas. Por más que el cangrejo la llamó y la llamó, Eulalia no volvió a aparecer, y es que estaba ya en Marte, ayudando a un marciano que tenía **fobia** a los platillos volantes.

–Bueno –se dijo el cangrejo–, tenía tantas varitas en el bolso que no creo que la vaya a echar de menos. ¿Funcionará si la muevo yo?

No iba a tardar mucho en averiguarlo… En aquel momento, unos gritos llamaron su atención.

–En una red… ¡Se ha quedado atrapado en una red! –chillaba un pulpo.

–Pero ¿quién? –intentaba averiguar Tadeo.

–El tiburón. Iba nadando tranquilamente y se ha enganchado en la malla de una enorme red.

A pesar de lo mal que se había portado con él, Tadeo quería ayudarlo. El cangrejo miró la varita. ¿Y si intentaba hacer un encantamiento? Sin pensárselo dos veces, se plantó en el lugar del accidente.

–Socórreme, por favor –le pidió el tiburón–. Siento muchísimo haberme burlado de ti.

Sin saber cómo, a Tadeo se le vinieron a la cabeza unas palabras mágicas. Moviendo la varita, las pronunció en voz muy alta:

Con un hechizo certero,
que se abra un agujero
en esta gran red de malla
y que el **escualo** se vaya.

El tiburón, patidifuso, salió nadando por el agujero, dando gracias a Tadeo una y otra vez.

El cangrejo no tuvo mucho tiempo de reflexionar sobre lo que había sucedido, porque enseguida oyó a una raya lamentarse de que la ballena se había quedado **varada** en la arena. Tadeo, sin titubear, se precipitó hacia la orilla.

–Sácame de aquí, cangrejito –pidió a voces la ballena–. No volveré a reírme de nadie. ¡Lo prometo!

De nuevo, un sortilegio acudió a la mente de Tadeo:

Que nade en menos de nada
esta ballena encallada.
Que en poco más de un segundo
se traslade al mar profundo.

La ballena, como por arte de magia, se encontró nadando en el océano. Pero no quiso marcharse sin antes dar las gracias a Tadeo.

---

fobia: miedo muy grande a un objeto, un animal o una situación.

escualo: tiburón.

varada: atascada, encallada.

Ya pensaba el cangrejo retirarse plácidamente a su roca, satisfecho por el deber cumplido, cuando un besugo lo llamó con desesperación:

–Corre, Tadeo, ven conmigo. Tienes que salvar a la tortuga.

Tadeo siguió al besugo y no tardaron en dar con ella.

–Cof, cof, cof –tosía la pobre angustiosamente.

Y es que Amaranta se había comido una bolsa de plástico, pensando que era una medusa, ¡y se estaba ahogando! Menos mal que Tadeo, zarandeó su varita y pronunció este hechizo:

Que la tortuga Amaranta
eche lo que la atraganta,
que respire muy a gusto
y olvide muy pronto el susto.

Amaranta, aturdida todavía y emocionada por lo que Tadeo había hecho por ella, se alejó nadando entre las algas.

Sin ninguna duda, la tortuga, la ballena y el tiburón se iban a acostar esa noche habiendo aprendido algo muy importante.

Por su parte, Tadeo se sentía de maravilla. «¡Esto de hacer el bien está requetebién!», pensó. Andando de lado, se retiró a su roca a descansar. Había sido una jornada agotadora y quizá, al día siguiente, encontrara otros seres marinos a los que ayudar. ¿Por qué no?

Mirando su varita y soñando con convertirse en un cangrejo madrino, Tadeo se quedó profundamente dormido.

Carmen GIL

Actividades

1. Contesta.

- ¿Qué animales se burlaban del cangrejo Tadeo? ¿Por qué se burlaban de él?
- ¿A quién pidió ayuda el cangrejo Tadeo?
- ¿En qué estaba especializada esa hada?

2. ¿Cómo son? Completa con la palabra que corresponde en cada caso.

burlones
pacífico
charlatana

El cangrejo Tadeo es ____________

El hada Eulalia es ____________

Los animales son ____________

3. ¿Qué escarmiento dio el hada Eulalia a cada animal? Explica.

4. Contesta.

- ¿Qué le comunica el pulpo a Tadeo? ¿Qué hizo el cangrejo a continuación? ¿Qué utilizó para llevar a cabo su objetivo?
- ¿A qué otros animales ayudó Tadeo después? ¿Qué les había pasado?

5. ¿Qué crees que habían aprendido los animales? Lee y contesta.

> «Sin ninguna duda, la tortuga, la ballena y el tiburón se iban a acostar esa noche habiendo aprendido algo muy importante.»

6. ¿Crees que está bien burlarse de los que son diferentes? ¿Por qué? Explica.

UNIDAD **ONCE.** LEYENDA ESCOCESA

La flor que ganó una batalla

Hace mucho tiempo, los **vikingos** realizaban constantes ataques en las costas de Escocia. Cuenta una leyenda que, en un castillo situado a orillas del mar, tras una jornada muy ajetreada intentando mantener alejados a los enemigos, los escoceses empezaron a respirar tranquilos al llegar la noche.

–No hay vikingos a la vista –dijo el vigilante de uno de los torreones–. ¡Por fin podremos descansar!

Y los habitantes de la fortaleza se retiraron a sus aposentos para disfrutar, por fin, de un merecido descanso.

Pero cerca de la costa, un barco vikingo aguardaba oculto entre la niebla el momento propicio para atacar.

–Esto va a ser más fácil de lo que pensábamos –decía el jefe vikingo a sus hombres–. Los pillaremos por sorpresa.

Y en efecto, a medianoche, mientras los habitantes del castillo dormían confiados, los vikingos desembarcaron en la playa. Reinaba un profundo silencio y los atacantes, descalzos, se dirigieron sigilosamente hasta la fortaleza.

Cuando llegaron al pie del castillo, el jefe vikingo susurró:

–Parece que ningún centinela nos ha oído. Atravesaremos el foso y escalaremos las murallas.

Los vikingos obedecieron las órdenes de su jefe y comenzaron a cruzar el foso que, aunque no tenía agua, estaba plagado de hierbajos.

–¡Ay, socorro! –gritaron de repente algunos vikingos en el silencio de la noche–. ¡Esto está lleno de cardos! ¡Menudas espinas tienen!

Aquellos gritos de los intrusos llegaron a oídos de los centinelas escoceses que, sin perder un instante, dieron la voz de alerta:

–¡Alarma! ¡Alarma! ¡Los vikingos nos atacan!

En pocos minutos, todos los habitantes del castillo ocuparon sus posiciones de defensa para rechazar el ataque de los enemigos. La situación se hizo tan desesperada para los vikingos que tuvieron que huir hacia la playa. Muchos de ellos iban cojeando, con los pies doloridos debido a las afiladas espinas de los cardos.

–¡Mirad cómo corren! –dijo uno de los escoceses entre las sonoras carcajadas de sus compañeros.

Desde ese día, para recordar aquel suceso, la humilde planta que antes todos despreciaban empezó a aparecer en los **emblemas** de los habitantes de estas tierras. Y todavía hoy, el cardo es uno de los símbolos de Escocia.

vikingos: pueblos de guerreros y navegantes del norte de Europa.

emblemas: figuras que se toman como representación de algo; símbolos.

Actividades

1. Contesta.

- ¿Dónde sucedió esta historia?
- ¿Quiénes se enfrentaron aquella noche?

2. ¿Qué ocurrió a continuación? Escribe.

3. ¿Por qué se convirtió el cardo en uno de los símbolos de Escocia? Explica.

A dormir

A dormir, a dormir, que la noche
ha extendido sus alas de plumas,
y hasta el mar va callando sus olas
y apagando sus frescas espumas.

A dormir, a dormir, que la noche
se vistió su pijama aceituna
y ha mandado un mensaje: «¡Silencio!»,
a su amiga más vieja, la Luna.

A dormir, a dormir, que la noche,
bajo el gorro de lana se arruga
ocultando a la luz su cabeza
como hace, al dormir, la tortuga.

A dormir, a dormir, que la noche
se ha metido en su mágica cuna,
y se canta ella sola una nana
y ella sola, a su ritmo, se acuna.

Antonio A. GÓMEZ YEBRA

Primavera

Es la más llorona
de las estaciones:
sus lágrimas, mil;
sus flores, ¡millones!

La más femenina,
la más olorosa,
la más visitada
por la mariposa.

En ella reluce
mucho más el día
y el corazón late
con más alegría.

Su llegada anuncia
feliz el jilguero,
y yo, en mi ventana,
¡al alba la espero!

Mar PAVÓN

A las cuatro esquinas

A las cuatro esquinas,
a las cuatro letras,
a las cuatro noches
sin Luna ni estrellas.

A los cuatro vientos,
las lechuzas vuelan,
por las cuatro esquinas
negras sombras llegan.

Por las cuatro esquinas,
las nubes se alejan,
las sombras se van
por las cuatro letras.

Ya sale la Luna,
brillan las estrellas,
por las cuatro esquinas
las lechuzas vuelan.

Manuel JURADO

Taller

1. Elige y escribe rimas.

fuentes puentes paseos

A las cuatro plazas,
a las cuatro ________
a las cuatro calles,
a los cuatro ________

perros gatos burros vacas patos

A los cuatro ________
a los cuatro ________
a las cuatro ________
a los cuatro ________

12 UNIDAD **DOCE.** NARRACIÓN

El perro que quería ser gato

Doña Teresita, a pesar de ser un poquito cascarrabias, tenía buen corazón y le gustaban mucho los animales. En su casa vivía Lula, una gata de tres colores, que alguien había dejado abandonada y se había refugiado en el patio de su edificio; y Crispina, una perrita blanca, de tamaño mediano, que iba siempre detrás de doña Teresita, ya podía nevar, llover, tronar o granizar.

Las dos, Lula y Crispina, esperaban cachorros para la primavera.

Al llegar el mes de mayo, Crispina tuvo un precioso cachorro blanco con unas enormes orejas tiesas. Doña Teresita llamó Cartucho al perrito recién nacido.

–¡Tiene las orejas de su padre! –decía orgullosa Crispina a su amiga Lula–. ¡Parece que va a echar a volar de un momento a otro!

Días después, Lula tuvo cinco bonitas crías. Unos hermosos gatitos de los que se sentía muy orgullosa.

Pero, ¡ay!, ocurrió algo inesperado. Cuando Cartucho era aún un cachorrito, un coche que iba a gran velocidad por la calle en la que vivía doña Teresita atropelló a Crispina, y el pequeño Cartucho se quedó huérfano.

Aunque el perrillo no se enteró de lo que había pasado, se quedó muy triste. Echaba mucho de menos a su madre y dejó de comer. Ni siquiera se tomaba la leche con pan que doña Teresita, con todo el cariño, le ponía en su plato por las mañanas.

La gata Lula no era insensible a lo que le estaba sucediendo al cachorro, el hijo de su querida amiga desaparecida.

«¡No, señor! ¡Cartucho no se quedará sin madre! ¡Aquí estoy yo!», pensó Lula, que era todo corazón. Así que decidió adoptarlo.

–Hijos míos, a partir de hoy tendréis un nuevo hermano –les dijo a sus crías.

Y desde ese momento, Cartucho pasó a ser uno más del grupo familiar.

El grupo resultaba bastante **pintoresco**. La gata de tres colores iba seguida a todas partes por sus cinco traviesas crías y por un perrillo torpe y juguetón, de orejas tiesas.

Lula quería a Cartucho tanto como a sus hijos y lo trataba igual que a ellos. Por su parte, Cartucho se sentía un hijo más y, lo más importante, se sentía también un gato más.

Cartucho fue creciendo y creciendo. En unos meses, se convirtió en el más grandote y en el más raro de todos aquellos pequeñajos.

–No tenéis que despreciar a Cartucho porque sea un poco torpe y más grande que vosotros –advertía Lula, muy seria, a sus crías–. ¡A quien se burle de él lo castigaré tres días sin leche y sin pescado!

–Pero, mami, es que es muy ruidoso. Cuando salimos a cazar juntos, espanta a los ratones –contestó el más atrevido de los gatitos.

Y Lula, que tenía mucho carácter, agarró por los bigotes a su **insolente** hijo y lo castigó a pasar toda la tarde en un rincón.

pintoresco: curioso, raro o llamativo.

insolente: descarado, que no tiene respeto a los demás.

A pesar de las amenazas de su madre, los gatitos se burlaban continuamente de su hermano adoptivo. Y así, en cuanto Lula hacía su excursión a la pescadería para conseguir comida, los mininos empezaban a meterse con Cartucho.

–¿A que no eres capaz de hacer esto? –le preguntaba una gatita.

Y entonces, la pequeña se ponía a dar saltos y a hacer volteretas en el sillón favorito de doña Teresita con gran agilidad. El hermano grandote lo intentaba también y siempre terminaba en el suelo, recibiendo un buen porrazo en su cabezota o en el hocico.

Otro de los gatitos jugaba a tirarle del rabo. Cartucho, entonces, empezaba a dar vueltas, tratando de llegar a su cola, hasta acabar completamente mareado.

Otros dos mininos se entretenían tirándole de sus enormes orejas y, a la vez, canturreaban:

–¡Cartuchón, torpón, que no cazas ni un ratón!

Y el que tenía más mala idea de todos le decía:

–Si quieres ser un buen gato, tienes que aprender a saltar de un tejado a otro, como los equilibristas.

Cartucho era tan bueno que no se enfadaba con sus hermanos. Incluso se esforzaba por realizar todo lo que le proponían.

Pero lo peor de todo, ¡menudo peligro!, es que Cartucho se subía al tejado de la casa y allí se quedaba, haciendo equilibrios durante horas, intentando no caerse. Porque Cartucho deseaba con toda su alma ser tan buen gato como sus hermanos y que su madre estuviera orgullosa de él. Como ellos conseguían llegar con la mayor facilidad del mundo a azoteas, terrazas y tejados, él los imitaba. ¡Pobre **insensato**! Un día resbaló y, dando tumbos, fue a parar dos pisos más abajo, al balcón de doña Engracia. Menos mal que cayó sobre unas plantas que amortiguaron el golpe.

–¡Qué cosa más rara! –dijo doña Engracia, que era un poco despistada, al abrir el balcón–. Juraría que los perros no trepan a los balcones. A lo mejor este, con esas orejas tan grandes, es de una raza que puede volar.

Y la mujer volvió a cerrar el balcón, pensando que el perro volvería por donde había venido. Menos mal que doña Teresita fue a rescatar al pobre Cartucho un rato después.

Aunque lo hacían a sus espaldas, Lula se imaginaba las **jugarretas** de las que era objeto Cartucho. Por eso, como era toda una madraza, más de una vez puso bajo la esterilla en la que dormía el cachorro, sin que nadie se enterase, un ratón que ella misma había cazado, para que Cartucho se lo enseñase a sus hermanos y pudiera presumir de su trofeo.

---

insensato: que no piensa bien lo que hace o lo que dice; imprudente.

jugarretas: engaños, trastadas.

Cartucho, cada vez más torpón y más acomplejado, siguió creciendo. Muchas veces, para no escuchar las burlas de sus hermanos, el perro se subía al tejado y allí pasaba horas y horas. Por la noche estudiaba las estrellas y, durante el día, se paseaba por las terrazas y las azoteas de los alrededores. En una de ellas conoció a Joaquín, un viejo marino. El hombre hacía maravillosas maquetas que reproducían las embarcaciones en las que había navegado cuando era joven. Los dos se comprendían.

–Tú y yo nos parecemos –le decía Joaquín–. Tú no estás donde tienes que estar. Y yo tampoco. A mí me gustaría estar en el mar, navegando.

Cartucho pasaba largos ratos con el marinero. El animal quería al anciano, lo atendía cuando hablaba y lo miraba con ternura.

Un domingo soleado, Lula reunió a su familia al completo y, uno por uno, fue arreglando, a base de lametones, a todos sus hijos. Quería que estuviesen limpios y guapos para salir a dar un paseo.

Los gatitos protestaban e intentaban escaparse. Solo el buenazo de Cartucho dejaba que su madre lavase su blanco lomo y sus largas orejotas, sin protestar. Además, estaba muy ilusionado con la idea de conocer un poquito más del mundo.

–Mami –le preguntaba a Lula curioso–, ¿dónde se acaba el mundo?

–Mira, hijo, el mundo es muy grande, muy grande. Llega, por arriba de la cuesta de nuestra calle, hasta la iglesia de san Cristóbal. Y por abajo, hasta el huerto del Inglés.

Poco después salieron a pasear. ¡Qué orgullosa caminaba Lula, con sus seis hijos tras ella!

–¡Vamos, vamos, no os quedéis atrás! Quiero que vayamos hasta la casa de una vieja amiga. Está a la entrada del barrio –les anunció Lula.

Mientras ella los miraba satisfecha, estirando con coquetería su cabeza, los gatitos jugaban unos con otros y no le hacían mucho caso.

Pero cuando se disponían a atravesar la calle detrás de su madre, se encontraron **de sopetón** con una enorme boca de afilados dientes. Se trataba de un perro muy fiero en actitud amenazante.

Lula y sus crías se pusieron inmediatamente en guardia. Tensaron sus colas, erizaron el pelo de sus lomos y comenzaron a dar fuertes bufidos. Fffffuuuu... Fffffuuuu... hacían con muy mal genio. Pero a aquel perrazo parecían no darle ningún miedo esos insignificantes animales y siguió plantado ante ellos.

Cartucho, como siempre, intentó hacer lo mismo que sus hermanos. Pero en vez de salirle fffffuuu, le salió un extraño sonido...

–¡Guau! –ladró el cachorro.

Y fue un ladrido tan fuerte que retumbó en toda la calle. Luego, en vez de erizar los pelos del lomo, enseñó sus colmillos al otro perro, que primero se quedó paralizado y, a continuación, empezó a retroceder asustado.

Cartucho no estaba dispuesto a consentir que nadie hiciera daño a su madre o a sus hermanos. Con gran valentía continuó ladrando a su violento enemigo, con aquella terrible y potente voz que salía de su garganta.

–¡Guau, guau, guau! ¡Guau, guau, guau!

Hasta que el imponente perrazo huyó **despavorido**.

---

de sopetón: de repente.

despavorido: con mucho miedo; aterrorizado.

¡Cómo cambiaron las cosas en un instante! A partir de ese día, Cartucho se convirtió en un verdadero héroe, que se ocupaba de proteger a su madre y a sus hermanos de cualquier peligro. Ninguno de esos perros que andaban sueltos por la calle se atrevió a molestarlos nunca más. ¡Qué orgullosa estaba Lula de su hijo grandote! ¡Cómo presumía ante sus amigas de las hazañas de su querido cachorro!

¿Y sus hermanos? Pues los cinco gatitos estaban tan orgullosos de él como su madre, o más. Desde entonces, cada vez que salían de caza, traían un ratón y se lo daban en señal de gratitud, admiración y cariño.

En cuanto a Cartucho, se pasaba horas y horas en el tejado. Se sentía muy a gusto allí, observando las estrellas por la noche e intentando ver, durante el día, hasta dónde llegaba el mundo. Porque, aunque su madre le había dicho que, por arriba de la cuesta de su calle, el mundo llegaba hasta la iglesia de san Cristóbal y, por abajo, hasta el huerto del Inglés, él pensaba que, quizá, llegase un poco más lejos.

Y es que Cartucho no solo era un perro cariñoso y encantador, sino que también era requetelisto.

Ayes TORTOSA

Actividades

1. Observa y contesta.

- ¿Qué animales vivían con doña Teresita?
- ¿Cómo era Lula?
- ¿Cómo era Crispina?
- ¿Qué les pasó a Lula y a Crispina una primavera?

2. ¿Por qué se quedó Cartucho sin madre? ¿Qué hizo entonces Lula? Explica.

3. ¿Quién lo dice? ¿A quién se lo dice? Identifica a los personajes, dibuja las escenas y copia los bocadillos donde corresponda.

¡A quien se burle de él lo castigaré tres días sin leche y sin pescado!

¿Dónde se acaba el mundo?

Si quieres ser un buen gato, tienes que aprender a saltar de un tejado a otro.

4. ¿Qué hacía Cartucho para intentar imitar a los gatos? Escribe algunos ejemplos.

5. Observa y contesta.

- ¿Qué hicieron los gatos?
- ¿Qué hizo Cartucho?
- ¿Qué hizo el perrazo a continuación?

6. ¿Qué ocurre al final del cuento? Observa las viñetas y explica.

Ⓐ

Ⓑ

El precio del humo

Un día de mercado, una granjera acudió a la ciudad para vender huevos y leche. De regreso a su casa, entró en una posada para comer algo y reponer fuerzas.

–¿Qué quieres comer? –le preguntó la posadera.

–Un plato de sopa y un poco de pan –respondió ella.

Mientras se tomaba la sopa, la muchacha observó una jugosa pieza de carne que se asaba en el fuego. ¡Qué bien olía! Pero a saber cuánto costaba… Estaba segura de que no se lo podría permitir.

Entonces, ni corta ni perezosa, se acercó a la chimenea, pasó un trozo de pan por el humo del asado y, al cabo de un momento, el pan se había impregnado del aroma que desprendía la carne. ¡Estaba delicioso!

La muchacha continuó cortando trozos de pan y acercándolos al asado, hasta que la posadera, muy enfadada, le dijo:

–Te crees muy lista, ¿verdad? Pero tendrás que pagar lo que me has robado.

–Yo no he robado nada. Le he pagado la sopa y el pan.

–Sí, claro… ¿Y el humo, qué? ¿Acaso no piensas pagarlo?

–El humo no vale nada. Pensé que no le importaría que…

La discusión entre la posadera y la muchacha despertó la curiosidad de muchos clientes y, en poco rato, se reunió un buen grupo de hombres y mujeres alrededor de ellas.

Un comerciante que observaba la escena intervino en la discusión:

–Cálmate, posadera. ¿Cuánto quieres por el humo?

–Cuatro monedas.

–Solo se trata de humo –dijo la granjera–. Eso es mucho dinero.

El comerciante entonces sacó cuatro monedas de su bolsillo y, sosteniéndolas en la palma de su mano, comenzó a moverlas. Clinc, clinc... sonaban las monedas.

–Escucha este sonido, posadera –dijo el comerciante–. Con él estás pagada.

–¿Cómo que estoy pagada? Dame ahora mismo mis monedas –respondió ella furiosa.

Y el comerciante, dirigiéndose a los clientes de la posada, preguntó:

–¿Acaso la muchacha se comió la carne?

–¡Noooo! –respondieron varias voces **al unísono**.

–Ella solo cogió el humo, ¿verdad? Pues para pagar el humo del asado basta con el sonido de las monedas.

Y, ante las risas de todos los presentes, la posadera no tuvo más remedio que regresar a la cocina. La granjera, a continuación, dio las gracias al comerciante y se marchó de allí tan campante.

al unísono: a la vez, al mismo tiempo.

Actividades

1. Explica qué personajes intervienen en el cuento y qué oficio tiene cada uno de ellos.

2. Contesta.

- ¿Para qué fue la granjera a la ciudad?
- ¿Dónde paró de regreso a su casa?
- ¿Qué pidió la muchacha para comer?
- ¿Por qué se enfadó la dueña de la posada?

3. ¿Cómo le pagó el comerciante a la posadera? ¿Qué explicación le dio?

- ¿Crees que el pago fue justo? Expresa tu opinión.

Un buen disparo

Hace muchos, muchos años, gran parte de Suiza estaba bajo el dominio de las autoridades de Austria, su país vecino.

Cuenta una leyenda que a un gobernador austríaco, llamado Gessler, se le ocurrió que los habitantes de la ciudad suiza de Altdorf tenían que demostrar que le obedecían y aceptaban su autoridad. Para ello, colocó una bandera austríaca a las puertas de la ciudad. Todos los que pasaran por allí tenían la obligación de inclinarse en señal de respeto.

Cierto día, llegó a aquella ciudad Guillermo Tell, el tirador de **ballesta** más famoso de los valles suizos. El hombre, acompañado de su hijo, pasó ante la bandera sin hacer la reverencia obligada. Al instante, padre e hijo fueron conducidos ante el gobernador.

–¿Es cierto que no te has inclinado ante la bandera? –preguntó Gessler muy enojado.

–Yo no hago reverencias ante un palo y un trapo extranjeros –contestó Guillermo Tell con desprecio.

–¡Eres muy orgulloso! ¡Y no te lo voy a consentir! –gritó Gessler fuera de sí–. Para que aprendas, tendrás que superar una difícil prueba. Si no, tú y tu hijo seréis mis prisioneros el resto de vuestros días.

–Dígame lo que tengo que hacer –dijo Guillermo con soberbia.

–¡Tendrás que disparar una flecha a una manzana colocada sobre la cabeza de tu hijo!

A Guillermo Tell se le heló la sangre. Mientras se dirigía a la plaza, caminaba muy preocupado. Él era un gran tirador. Pero esta vez no se trataba de uno de aquellos concursos entre arqueros en los que tantos triunfos había conseguido. Esta vez, si fallaba, mataría a su propio hijo.

Tampoco podía negarse a disparar, ya que, entonces, el cruel gobernador los encerraría en una oscura mazmorra para siempre. Solo tenía una salida... ¡Apuntar y acertar!

Ya en la plaza, los soldados colocaron una manzana sobre la cabeza del niño y situaron a Guillermo a una considerable distancia.

En el momento decisivo, el arquero tensó su arma, se concentró, apuntó y dejó que la flecha iniciara su peligroso vuelo.

La explosión de júbilo de los allí presentes hizo que Guillermo volviera a la realidad. ¡La flecha había partido la manzana exactamente por la mitad! Y su hijo, sano y salvo, daba saltos de alegría.

El gobernador dejó libres a sus dos prisioneros y se marchó de Altdorf hecho una furia.

Aquella hazaña corrió de boca en boca, y Guillermo Tell se hizo tan famoso que, con el tiempo, llegó a convertirse en el héroe nacional de Suiza.

---

ballesta: arma portátil para disparar flechas.

Actividades

1. ¿Quién es el protagonista de esta historia? ¿Por qué era famoso?

2. Contesta.

- ¿Qué tenían que hacer los habitantes de Altdorf ante la bandera austríaca?
- ¿Qué hizo Guillermo Tell al pasar junto a la bandera? ¿Por qué? ¿Qué consecuencia tuvo?

3. Explica la prueba que tuvo que superar Guillermo Tell para quedar libre.

4. ¿Te ha resultado emocionante esta leyenda? ¿Por qué? ¿Pensabas que iba a tener este final o te imaginabas otro?

13 UNIDAD **TRECE.** NARRACIÓN

Los duendes del arcón

Cuando mis padres se quedaron sin trabajo, aceptaron una oferta que apareció en un anuncio del periódico. Papá nos reunió a toda la familia y nos explicó brevemente en qué consistía el nuevo empleo. Se trataba de cuidar de una mansión durante unos años, el tiempo que sus propietarios estuviesen viviendo en el extranjero.

A todos nos pareció bien aquella aventura y emprendimos el viaje.

Tardamos un día entero en llegar a nuestro destino, tras perdernos tres o cuatro veces por carreteras secundarias y pueblos abandonados.

Por fin, una serpenteante pista de grava nos condujo hasta un paseo **flanqueado** por pinos que terminaba en la cima de una colina. Allí se agazapaba la casa, con su fachada de piedra, como si fuese el cuerpo de una bestia dormida, convertida en roca por algún antiguo sortilegio. Sentí que la casa me observaba, a través de aquellos ventanucos desvencijados, con la misma desconfianza que yo a ella.

No teníamos las llaves y pensamos que íbamos a tener que entrar por una ventana. Pero cuando nos acercamos, una racha de viento abrió las puertas de par en par. La casa estaba descuidada y llena de polvo, con los muebles cubiertos por sábanas. Daba la impresión de que llevaba deshabitada bastantes años.

Papá encontró, sobre la mesa del comedor, un juego de llaves, una bolsa de tela y un papel. En la bolsa había tres monedas de oro muy antiguas. El papel era el contrato de trabajo, en el que se detallaba cuáles eran nuestras obligaciones: cuidar de la casa y no permitir la entrada de extraños. Me sorprendió la última **cláusula**. En ella se especificaba que el acuerdo no tendría validez si en la residencia no se instalaba algún niño con los nuevos guardeses. El contrato estaba firmado por el señor Duende. Ese debía de ser el apellido del dueño de la casa.

Descargamos nuestras pertenencias y procedimos a explorar la mansión. Mis padres se instalaron en una amplia habitación, orientada hacia la montaña, con unas vistas preciosas. A la abuela la aposentamos en un cuarto muy coqueto que había en la entrada, para que no tuviera que subir y bajar escaleras. Yo elegí la buhardilla. Me resultó muy acogedora, con su tejado inclinado y un punto de misterio que me fascinó desde el primer momento.

Mi dormitorio no tenía armarios, pero sí un antiguo arcón, bastante grande. Empecé a guardar allí mi ropa. Pero cada vez que metía un jersey o unos pantalones y me giraba para coger otras cosas de la maleta, las prendas que había guardado aparecían de nuevo en el suelo. Era como si el arcón se vaciara por arte de magia. Me harté. Con rabia, cogí la pila de ropa entre los brazos, la solté dentro del arcón, cerré la tapa de golpe y me senté encima.

–¡A ver si podéis salir ahora! –dije convencida.

¡Y ya lo creo que sí! Primero salí volando yo, porque la tapa se abrió y me lanzó contra la cama. Y luego, calcetines, pantalones, jerséis, chaquetas... Todo salió disparado con fuerza y con tanta puntería que chocó contra mi cabeza.

---

flanqueado: que tiene algo a ambos lados.

cláusula: parte de un contrato u otro escrito.

NARRACIÓN. **LOS DUENDES DEL ARCÓN**

Me quedé sin habla. De puntillas, me acerqué al arcón y miré en su interior. En una esquina había un agujero, y en él descubrí a una personita con los brazos en jarras y actitud desafiante, que no levantaba más de dos palmos del suelo. Vestía de color rojo, con un fajín blanco. Tenía una melena de color castaño y un cascabel colgado del cuello. De un brinco se subió a mi hombro y dijo:

–¡Hola! Soy Cascabel, el duende del arcón. ¿Tú eres la nueva guardesa de la casa? ¿Cómo te llamas?

Yo, tartamudeando, intenté responder con naturalidad a aquellas preguntas y, como pude, dije:

–Sí. Bueno, en realidad son mis padres... Yo... Yo... Me llamo Amalia...

–Bien, Amalia. Te voy a hacer un encargo muy importante: no permitas que ningún desconocido entre durante la noche. No olvides que tienes que proteger esta casa, ¿de acuerdo?

Acto seguido, se esfumó y cerró la tapa. Yo me quedé muda de asombro, pero decidí no decir nada de aquella aparición.

Estuvimos ordenando la casa hasta que llegó la noche. Durante la cena, cuando más animados estábamos, Busca, nuestra perra, comenzó a ladrar, saltó por la ventana y se perdió en el jardín.

No tardamos en oír voces de auxilio. Salimos en tropel y encontramos a un hombre sentado **a horcajadas** en la rama de un árbol, mientras Busca saltaba para morderle las pantorrillas. Era un tipo de lo más extraño. Llevaba un par de correas cruzadas sobre el pecho y una especie de botella de oxígeno a la espalda, de la que colgaba un tubo. Sujeté a Busca, que no dejaba de gruñir. Por alguna razón, aquel tipo no le resultaba simpático.

Papá le pidió explicaciones al intruso:

–¿Quién es usted y qué hace merodeando por nuestro jardín?

–Disculpen, pensaba que esta casa estaba… deshabitada.

–¿Ah, sí? ¿Y qué pretendía, robar?

–No, en absoluto.

Entonces el hombre bajó del árbol, carraspeó, se estiró la barba de chivo y nos dio una tarjeta que decía: «Profesor Alexis Hunter, cazador de monstruos, fantasmas y entidades mágicas».

–¿Sabían que esta casa está encantada? –preguntó haciéndose el interesante.

Lo tomaron por loco. Todos, excepto yo. Luego el profesor añadió:

–Estoy convencido de que este caserón es la guarida de presencias indeseables. Duendes, para ser exactos. Hasta la fecha no he podido entrar, porque las puertas y las ventanas están cerradas a cal y canto y se resisten cuando intento forzarlas. ¿Serían tan amables de permitirme desinfectarles la casa? Solo necesito cinco minutos.

Mis padres pensaron que debían dejarlo entrar. Yo fui la única que se negó en redondo y, con ayuda de la abuela, los convencí.

El profesor Hunter se marchó **profiriendo** maldiciones en voz baja. Y nosotros nos dispusimos a pasar la primera noche en nuestra morada, a la que yo llamaba ya la Casa del Duende. Al día siguiente nos esperaba mucho trabajo. Había que limpiar el caserón de arriba abajo.

---

a horcajadas: con una pierna a cada lado.

profiriendo: pronunciando.

NARRACIÓN. **LOS DUENDES DEL ARCÓN**

Antes de acostarme, se abrió la tapa del arcón de mi cuarto y, de nuevo, apareció el duendecillo.

–Has cumplido tu palabra. Dime, ¿qué quieres? Te concedo un deseo.

–Deseo que mañana la casa esté limpia como los chorros del oro.

–¡Eso está hecho! Buenas noches.

Y sin más, el duende hizo sonar el cascabel. En un santiamén, empezaron a salir del arcón hombrecillos y mujercitas, que pasaron bajo la puerta y por el ojo de la cerradura, y se esparcieron por toda la casa. Creí que estaba soñando y finalmente me dormí.

Ya de día, me despertaron los gritos de mamá. Bajé las escaleras a toda prisa, zapato en mano, por si había visto alguna rata.

Pero los gritos eran de sorpresa, porque la casa estaba completamente limpia y reluciente. Mis padres pensaron que los dueños habían enviado a alguien para que limpiase durante la noche. Era un poco extraño, pero no había otra explicación.

Aquel día, durante la comida, mis padres empezaron a hablar sobre la forma de aumentar nuestros ingresos. La abuela tuvo una idea:

–La cocina de esta casa es muy grande. Podríamos hacer pasteles y venderlos en el pueblo. Yo soy una buena repostera.

Dicho y hecho. Toda la familia trabajó como un equipo y, al caer la noche, teníamos en la mesa de la cocina un delicioso pastel de chocolate, una inmensa torta de azúcar y un montón de rosquillas de anís.

Me acosté agotada, pero enseguida Busca empezó a arañar mi puerta. Me levanté, la dejé entrar y la seguí hasta la ventana. Al asomarme, vi que había un hombre en el ventanal de la habitación de la abuela. Era el profesor Hunter.

Acompañada por mi perra, salí al jardín. El profesor había logrado abrir la ventana e intentaba deslizarse hacia el interior de la casa, con las piernas aún colgando. Descubrí un tendedero con las cuerdas rotas. Cogí el extremo de una cuerda y la até rápidamente a una de sus piernas. El hombre forcejeó a oscuras y se dio un cabezazo contra el marco de la ventana. Busca empezó a ladrar mientras el cazador de fantasmas daba patadas en el aire, sin conseguir soltarse. Tan grande fue el alboroto que la abuela se despertó y encendió la luz. Sorda y sin gafas, vio una sombra, cogió el bastón y la emprendió a garrotazos, hasta que el intruso huyó.

Tardé un buen rato en tranquilizar a la abuela y, por fin, pude regresar a mi habitación. Entonces apareció Cascabel.

–Buen trabajo, Amalia. ¿Qué te gustaría ahora? Puedes pedir otro deseo.

–Hoy hemos hecho algunos dulces para venderlos. Pero son pocos... ¿Podrías preparar unos cuantos más?

–¡Eso está hecho! Buenas noches.

Agitó el cascabel y un torrente de duendes salió del arcón, saltando y alborotando, hacia la cocina.

Decidí bajar a mirar qué sucedía. ¡Era increíble! Más de un centenar de duendes amasaban, metían bandejas en el horno, rellenaban y decoraban tartas y pasteles...

NARRACIÓN. **LOS DUENDES DEL ARCÓN**

Por la mañana la cocina y el comedor rebosaban de toda clase de exquisitos dulces: bizcochos, magdalenas, cañitas, galletas, pastelillos…

Mis padres no podían entender nada. ¡Estaban alucinados! Y mi abuela me miraba con extrañeza.

No tuve más remedio que explicarles a mis padres y a mi abuela que los autores de aquella obra eran unos duendes que vivían en el arcón de mi cuarto. Tras un primer momento de desconfianza, se empeñaron en conocerlos, para darles las gracias. Subimos a mi habitación y abrimos el viejo arcón, pero no apareció nadie. Mis padres me miraron como pensando que estaba loca, pero mi abuela me guiñó un ojo. Luego, los tres se retiraron sin decir nada.

Desconcertada, me acosté. Y justo antes de cerrar los ojos, apareció Cascabel y brincó hasta la cama.

–¿Por qué no has aparecido antes, cuando han subido a verte mis padres y la abuela?

–Ellos no me conocerán nunca. Los duendes, como todas las criaturas mágicas, tan solo somos visibles para quienes aún creen en la magia, como tú. Ahora, ya sabes por qué pusimos ese anuncio en el periódico. Queríamos que una familia se instalase y nos protegiera, pero era necesaria la presencia de algún niño o… de alguna niña.

Nuestros dulces causaron sensación en el pueblo. Los vendimos en un santiamén. Y, a partir de entonces, entre lo que ganábamos haciendo tartas y pasteles, con la ayuda de Cascabel y sus amigos, y el sueldo de mis padres por vigilar la casa, nuestra situación económica mejoró muchísimo.

Todos nos encontrábamos a gusto en aquel lugar, aunque, de vez en cuando, el profesor Hunter intentaba entrar, ponía trampas en el jardín o hacía alguna de las suyas. Pero siempre lográbamos desbaratarle los planes. Sin embargo, una vez estuvo a punto de conseguir su propósito. Pero eso ya es otra historia…

Francesc GISBERT

Actividades

1. **¿Cómo se llaman estos personajes? Escribe sus nombres y cuenta quiénes son.**

2. **¿Cuál de esos personajes cuenta la historia? Explica.**

3. **Contesta.**

- ¿En qué consistía el nuevo trabajo de los padres de Amalia?
- ¿Cómo habían conseguido ese trabajo?
- ¿Quiénes se trasladaron a vivir a aquella casa?

4. **¿Qué dos deseos le pidió Amalia a Cascabel? Completa.**

Primero le pidió ____________ Luego le pidió ____________

5. **Contesta.**

- ¿Quiénes hicieron los primeros dulces? ¿Y los demás?
- ¿Qué hacía la familia de Amalia con los dulces? ¿Qué consiguieron con ello?

6. **¿Qué imagen no corresponde al cuento? Explica y cuenta el final de la historia.**

7. **Inventa y escribe el anuncio con la oferta de trabajo que leyeron los padres de Amalia en el periódico.**

Un cocinero muy ingenioso

Un día, un noble caballero salió a cazar, pero no consiguió ni una sola pieza en toda la mañana. En el camino de vuelta, encontró por casualidad una grulla y la cazó. ¡Sería una cena estupenda!

Al llegar a casa, le pidió a su cocinero que preparara la grulla.

El cocinero, que era un joven muy glotón, limpió la grulla y la puso en una bandeja. Le echó aceite, unas hojas de laurel, un poquito de cebolla… y la metió en el horno, a fuego lento.

«¡Mmmm, qué bien huele!», pensó el cocinero.

Pasado un rato, la grulla estaba asada. El muchacho no pudo resistirse a probar aquella carne dorada y le dio un mordisco. Después le dio otro y luego otro más y así… ¡hasta comerse una pata entera! A continuación, colocó la grulla en una fuente y la sirvió.

–Pero… ¿qué es esto? –gritó el caballero al ver la grulla coja.

–Grulla asada, señor –respondió el cocinero sin inmutarse.

–¿Y por qué tiene una sola pata?

El cocinero mintió:

–Todas las grullas tienen solo una pata, señor. Se lo puedo demostrar.

–Pues yo nunca he visto grullas de una pata –replicó el caballero.

A la mañana siguiente, muy temprano, se fueron los dos a buscar grullas. En las aguas de un riachuelo, descubrieron unas grullas que estaban dormidas sobre una pata, como suelen hacer habitualmente.

–¿Lo ve, señor? –dijo el cocinero, señalando las aves.

Entonces, el caballero dijo:

–La otra pata la tienen doblada y no se ve. Mira.

Y, dando una palmada, asustó a las grullas, que se despertaron, sacaron su otra pata y echaron a volar.

–¿Ves como tienen dos patas? –dijo el caballero enfadado–. Me has mentido.

Y el joven cocinero, que tenía respuesta para todo, replicó:

–Tal vez, si hubiera asustado a la grulla que cenó ayer, también ella hubiera sacado la otra pata...

Al caballero le hizo tanta gracia la ocurrencia del joven que olvidó su enfado y lo perdonó por haberse comido la pata de la grulla asada.

Actividades

1. Observa y contesta.

- ¿Qué está preparando el cocinero en el horno?
- ¿Qué ingredientes había añadido?
- ¿Para quién estaba cocinando ese plato?

2. Contesta.

- ¿Por qué le extrañó al caballero que la grulla asada tuviera una sola pata?
- ¿Qué explicación le dio el cocinero?
- ¿Para qué fueron los dos hombres al riachuelo?
- ¿Por qué le dijo el caballero al cocinero que le había mentido?
- ¿Por qué perdonó el caballero al cocinero?

Detective

Observar con atención,
escuchar y recordar,
hallar pistas, seguir rastros,
deducir y descifrar
las claves de algún misterio.

Qué emoción investigar;
encontrar todas las pruebas,
conseguirlas encajar
y resolver el problema.

Donde sea me es igual:
llámese laboratorio,
fondo del mar, biblioteca,
ruinas, antiguas tumbas,
o el interior de la Tierra.
Tampoco me importaría
ser policía secreta.

Ana ROSSETTI

Astronauta

Qué rara sensación
no tener peso
y moverse flotando
en el silencio.

Es imposible hacer
cualquier esfuerzo:
mejor es dejarse ir
como si el cuerpo
fuese un copo de espuma,
blando y ligero,
sin músculos motores
ni huesos dentro.

¡Qué rara sensación
surcar el cielo
como un mar de vacío
profundo y negro!

Ana ROSSETTI

Mi capitán Picaflor

Mi capitán Picaflor,
pelo rojo,
mal color,
pasea el puente del barco,
pelo rojo,
mal color.

Alza su sable de acero,
pluma roja
en el sombrero,
pelo rojo,
mal color,
contra el cielo tormentoso.

Mi capitán Picaflor,
tanta pluma,
tanta flor,
tiene miedo de los truenos,
pelo rojo,
mal color.

Manuel JURADO

Taller

1. **¿Qué te gustaría más ser de mayor: detective o astronauta? Copia el poema de la profesión que hayas elegido y haz un dibujo.**

2. **¿Qué representa cada dibujo? Escribe. Luego copia los seis últimos versos del poema *Mi capitán Picaflor* y cámbialos varias veces como en el ejemplo.**

Ejemplo ▶ Mi capitán Picaflor,
tanta pluma,
tanta flor,
tiene miedo de **las olas**,
pelo rojo,
mal color.

14 UNIDAD **CATORCE.** NARRACIÓN

Una anaconda en la terraza

Tengo una anaconda gigante en mi terraza. Ya sé que no suena muy normal, de manera que os lo contaré con detalle.

Todo empezó el día que Leona se escapó de la bañera y llenó de jabón la cocina, el comedor, las habitaciones y el pasillo. Fue un desastre y, desde entonces, mi madre me tiene prohibido ducharla en el cuarto de baño.

Pero… Leona no es la anaconda, ¿eh? Es que me explico muy mal.

Leona, que fue quien se escapó de la bañera, es mi perra, una pastora del Pirineo. A mí me gusta mucho esta raza de perros. Y en particular me encanta mi perra, que es suave y juguetona, aunque tiene tanto pelo que necesita duchas frecuentes y… ¡es un rollo! Porque como no la puedo duchar en la bañera, lo tengo que hacer en la terraza. Y no se deja. Me toca perseguirla con la manguera o pillarla desprevenida para poder darle un buen remojón.

Mirándolo bien, es normal que no se deje. Si yo fuera una perra pastora de los Pirineos, tampoco me gustaría que me regaran como si fuera una petunia, aunque fuese verano. Porque el agua de la manguera sale bastante fría, que yo la he probado.

En la terraza de casa hay decenas de macetas con flores. A mi madre le apasionan. Tiene rosas, claveles, geranios, petunias y no sé cuántas plantas más que no sé cómo se llaman. ¡Y verduras! Últimamente, le ha dado también por cultivar acelgas, lechugas y tomates. Ella dice que es una jardinera aficionada. Y es verdad. Se pasa horas cortando flores, trasplantando lechugas, podando tallitos de acá y de allá y haciendo todas esas cosas que hacen las personas aficionadas a la jardinería y a las huertas.

En fin, nuestra terraza parece una selva. Y ya estoy llegando al asunto de la anaconda. No creáis que se me ha olvidado lo que quiero contar.

Bien. Resulta que mi madre colecciona macetas vacías de plástico negro. Bueno, no es que las coleccione exactamente, pero tiene muchas. Guarda un montón, porque cada vez que compra una planta nueva, la saca de la maceta de plástico y la pasa a otra de barro más grande o, a veces, a unas jardineras largas, que es donde cultiva las verduras.

Por cierto, mi madre está un poquito pesada con las verduras. Dice que las verduras que ella cultiva saben mejor que las de la frutería, porque son caseras. A mí me gustan tan poco como las que compra en el mercado, pero me las tomo, más que nada, para no quitarle la ilusión.

El caso es que a mí me gusta jugar con las macetas de plástico vacías. Así que, a pesar de las verduras que me como con poco entusiasmo, estoy encantada con la afición de mi madre a cultivar todo tipo de plantas.

Con las macetas de plástico suelo hacer castillos. Aunque resulta difícil con Leona a mi lado, pues a ella le encanta fastidiarme las construcciones. Le gusta venir corriendo, chocar contra el castillo de macetas y tirarlo al suelo. Yo me enfado mucho cuando destroza mi trabajo, pero ella no me hace ni caso y, en lugar de obedecer, me ignora. Luego se divierte empujando por toda la terraza las macetas que ha derribado. Y entonces, ya no puedo seguir enfadada, porque me hace reír.

NARRACIÓN. **UNA ANACONDA EN LA TERRAZA**

Hoy he querido aprovechar que Leona estaba entretenida con las macetas para darle una ducha sorpresa. Pero, en el mismo instante en que ha sentido el agua sobre su pelo, ha empezado a moverse como de costumbre. Sin embargo, esta vez ha ido un poco más lejos y ha conseguido quitarme la manguera de las manos. La manguera se ha convertido, entonces, en una serpiente rabiosa. Con la presión del agua se ha puesto a dar vueltas sobre sí misma y a mojarlo todo, Leona y yo incluidas.

Y mi madre, que siempre está con la antena puesta, nos ha oído chillar y ladrar. Ha salido a la terraza y se ha enfadado bastante. Nos ha dicho que las plantas no se pueden mojar cuando hace mucho sol. Después ha cerrado el grifo y ha mandado a Leona a su rincón. A mí me ha obligado a entrar en casa para cambiarme de ropa.

He obedecido sin rechistar. Cuando ya estaba seca, le he pedido permiso para volver a la terraza.

–¡Ya lo creo que vas a volver! –ha dicho mi madre, a la que todavía no se le había pasado el enfado–. ¡Está todo manga por hombro! ¡Quiero que recojas todas esas macetas vacías y dejes la terraza en perfecto orden!

A mí no me ha parecido justo, porque la mayor parte del desastre lo ha causado Leona, pero como ella es una pastora del Pirineo, se puede quedar tranquilamente en su rincón, sin recoger. A pesar de semejante injusticia, no he protestado. Habría sido completamente inútil, porque mi madre, cuando está enfadada, no admite reclamaciones.

Al salir a la terraza he visto las macetas vacías en el suelo. Sin embargo, no estaban manga por hombro. Curiosamente, se habían quedado formando una fila, como una hilera de hormigas o una serpiente de juguete. Sí, una de esas serpientes hechas con piezas de madera que, si la coges de la cola, se mueve como si fuera de verdad.

El caso es que, justo entonces, se me ha ocurrido una idea: ¡fabricaría mi propia serpiente de juguete!

Así que me he puesto manos a la obra. He ido pasando la manguera, que cabía justo, por el agujero que tienen las macetas en el fondo, hasta **insertarlas** todas. La verdad es que me ha quedado una serpiente negra superchula.

Cuando Leona ha sido consciente de que yo había terminado con mi obra, se ha saltado su castigo, ha salido de su rincón y ha venido a destruir mi trabajo. Pero esta vez le ha salido el tiro por la culata. Porque, como las macetas estaban unidas entre sí por la manguera, no las ha podido dispersar por la terraza. Ha mordido una y ha intentado separarla del resto, pero se ha quedado con un palmo de narices. ¡Ja ja ja! Ha sido muy divertido porque, como no podía, se ponía furiosa por momentos.

En ese instante, me ha dado la impresión de que mi perra estaba luchando contra una serpiente gigante.

Así que he entrado en la cocina para pedirle la cámara de fotos a mi madre. Un momento como aquel había que inmortalizarlo.

Pero mi madre me ha mandado pelar tomates para hacer mermelada. Luego, he tenido que lavarme las manos, merendar y no sé cuántas cosas más… Y es que mi madre, mientras haya cosas que hacer, te da órdenes. Pero no escucha mucho, ¿sabéis?

Cuando por fin he podido salir a la terraza para hacer la foto que yo quería, Leona ya se había cansado de jugar con mi anaconda. Una oportunidad perdida.

---

insertarlas: meter unas cosas dentro de otra.

Así que he vuelto a la cocina con cara de malas pulgas, supongo.

–Toma tu cámara –le he **espetado** a mi madre mientras se la devolvía.

–¿Ya no la quieres?

–¡No! ¡Ya no me sirve para nada! –he respondido en tono dramático.

Además he fruncido el ceño y he puesto mi mejor cara de enfado.

–¿Estás enfadada?

–¡Pues claro! ¡Cómo no voy a estar enfadada! La lucha de Leona contra la serpiente gigante ya se ha acabado.

–¿Qué serpiente gigante?

–¡La de la terraza!

–¿Hay una serpiente en la terraza?

Y mi madre ya no ha querido saber nada más y ha salido a toda prisa, corriendo, como si se acabara el mundo. Yo me he quedado en la cocina, por si acaso. La verdad es que me esperaba una buena bronca cuando descubriera la serpiente.

–¡Marta! –me ha llamado–. ¡Marta, ven aquí inmediatamente!

Cuando he llegado, mi madre estaba sonriendo.

–¡Qué idea más buena has tenido! –me ha dicho entusiasmada.

–¿De verdad? ¿Te gusta?

–¡Me encanta! Has inventado un calentador solar para el agua.

–¿Un qué…? ¿Para qué has dicho…?

–Sí, Marta. Está muy bien pensado. Has reciclado las macetas de una forma extraordinaria. Como el color negro absorbe la luz del sol, se calienta más el agua que hay dentro de la manguera. ¡Hija, eres un genio!

Mi madre es profesora de Física y Química en un instituto. Me ha hecho la demostración y he comprobado que, efectivamente, el agua salía bien calentita. Leona ya no protestará tanto por la ducha.

Me siento muy afortunada, ¿sabéis? Estoy contentísima porque soy inventora y he hecho una serpiente solar para duchar a mi perra. Además, aunque mi madre no se haya dado cuenta, Leona y yo sabemos que hay una anaconda en la terraza con la que las dos podemos jugar.

Pep CASTELLANO

---

espetado: dicho con brusquedad y desagrado.

Actividades

1. Contesta.

- ¿Cómo se llama la perra de Marta?
- ¿De qué raza es esa perra? ¿Cómo tienen el pelo los perros de esa raza?
- ¿Qué es lo que no le gusta a la perra que le hagan? ¿Por qué?

2. ¿Quién cuenta la historia? Elige y copia.

✓ La madre de Marta. ✓ Marta. ✓ Otra persona.

3. ¿Qué hacía Leona en estas ocasiones? Observa el dibujo y explica.

4. Contesta.

- ¿Por qué había tantas macetas de plástico vacías en la terraza de la casa de Marta?
- ¿Qué decidió fabricar Marta con la manguera y esas macetas?

5. ¿Qué pensó Marta al ver esta imagen? ¿Qué hizo a continuación? ¿Por qué? Explica.

6. ¿Qué pensaba Marta que iba a ocurrir? ¿Qué pasó en realidad? Cuenta el final de la historia.

7. ¿Te parece bien lo que hizo Marta con las macetas y la manguera? ¿Por qué?

- ¿Qué harías tú con un montón de macetas de plástico vacías?

Un viaje para la historia

En Mannheim, una pequeña ciudad de Alemania, vivían el inventor Karl Benz y su esposa Bertha Ringer. Este joven ingeniero construía motores para impulsar los vehículos que él mismo diseñaba.

Karl Benz fabricó varios vehículos que eran una mezcla de triciclo y carruaje. Pero aunque tenían tres grandes ruedas, no llevaban pedales ni tampoco iban tirados por caballos, sino que funcionaban con un sencillo motor. Y eso, en aquella época, parecía cosa de magia.

A pesar de que estos inventos causaban mucha curiosidad entre el público, nadie se los tomaba muy en serio. La gente no era capaz de verlos como un nuevo medio de transporte que podía cambiarle la vida.

Solo Bertha creía en la importancia que podían llegar a tener en el futuro los vehículos inventados por su marido. Pero era necesario que la gente los conociera. ¡Había que hacer una demostración práctica!

Así, una tranquila mañana de agosto, Bertha dijo a sus dos hijos:

–Chicos, nos vamos a ver a la abuela.

Y, muy decidida, cogió el último **artefacto** construido por su esposo, sin que él lo supiera, y le dejó una nota. Estaba dispuesta a recorrer los cien kilómetros que separaban Mannheim de la ciudad de su madre.

Su plan consistía en ir atravesando los pueblos que se encontrasen por el camino. Así, la gente vería la prodigiosa máquina y después hablaría de ella. Para los dos chicos, aquella era la oportunidad de vivir una aventura emocionante. Y así fue.

Durante el viaje surgieron algunos **contratiempos**: se quedaron sin gasolina, tuvieron que reparar averías e incluso se vieron obligados a pedir ayuda para empujar el vehículo cuando llegaron a una zona montañosa. ¡No había forma de que el automóvil subiera las cuestas!

Por fin, al atardecer, los viajeros alcanzaron su destino. Lo primero que hizo Bertha fue enviar un telegrama a su marido en el que le decía: «Hemos llegado sanos y salvos».

Este viaje fue un verdadero éxito. La gente no hablaba de otra cosa. Bertha había demostrado que el automóvil era una máquina fiable, que servía para viajar y, poco a poco, la fábrica de Karl Benz empezó a recibir los primeros pedidos.

Esto sucedió hace 125 años aproximadamente. Bertha Ringer fue la primera persona que condujo un coche en un trayecto de larga distancia y se convirtió así en la primera automovilista de la historia.

---

artefacto: máquina, aparato.

contratiempos: sucesos inesperados y desagradables; complicaciones.

Actividades

1. Contesta.

- ¿Dónde vivían Bertha y su marido? ¿En qué país?
- ¿Cómo se llamaba el marido de Bertha? ¿Qué inventó?
- ¿Qué hizo Bertha para dar a conocer el invento de su marido?

2. Copia la afirmación verdadera y corrige las falsas.

✓ El nuevo vehículo funcionaba con pedales.
✓ Bertha y sus hijos recorrieron más de cien kilómetros.
✓ El viaje de Bertha y sus hijos transcurrió sin problemas.
✓ Los viajeros llegaron a su destino sanos y salvos.

3. Inventa y escribe la nota que Bertha le dejó a su marido antes de salir de viaje con sus hijos.

El caballo de Troya

Hace siglos, los griegos intentaban conquistar la ciudad de Troya; pero los troyanos se resistían y ponían todo su empeño en impedir la entrada de los enemigos en su población. La lucha duraba ya varios años.

Un día, Ulises, uno de los más valerosos guerreros griegos, se reunió con algunos de sus hombres de confianza y les dijo en tono **confidencial**:

–He tenido una idea. Si hacéis lo que os digo, traspasaremos las murallas de Troya sin encontrar ninguna resistencia.

Todos se extrañaron de aquellas palabras, pero confiaban en la inteligencia de Ulises.

–Tenemos que conseguir toda la madera que sea posible. Vamos a construir un caballo gigante –añadió.

Los griegos se pusieron manos a la obra. Durante días trabajaron sin descanso: talaron árboles, fabricaron tablas con los troncos, las colocaron debidamente y, pronto, la obra estuvo terminada.

El resultado fue impresionante: un caballo de tamaño colosal, tan alto y tan grande que en su interior cabían más de trescientos hombres. Entonces, Ulises escogió a sus mejores soldados y les dijo:

–Escondeos dentro del caballo con vuestras armas.

Los soldados obedecieron. Luego, Ulises ordenó al resto de los hombres levantar el campamento y que fingieran una retirada. Así se hizo y, poco después, solo quedó allí el gigantesco caballo de madera con los guerreros en su interior.

Los troyanos, creyendo que los griegos se habían ido, se pusieron contentísimos. ¡Por fin habían conseguido librarse de ellos! Llenos de alegría, los habitantes de la ciudad traspasaron las murallas y fueron a observar de cerca la impresionante obra de madera abandonada por los griegos.

–¡Es maravilloso! –exclamó un vecino sin salir de su asombro–. ¡Es un caballo gigante!

–¡Vamos a llevarlo a la ciudad! –propuso otro vecino.

Con enorme esfuerzo, empujando todos a una, los troyanos trasladaron el caballo hasta el interior de la ciudad.

Aquel día, los vecinos celebraron una gran fiesta. ¡Por fin había terminado el largo **asedio** a Troya!

Al llegar la noche, los troyanos se fueron a descansar. Como el día había sido agotador, pronto se quedaron profundamente dormidos. Entonces, en el silencio de la noche, los soldados griegos salieron sigilosamente del caballo y atacaron por sorpresa a los troyanos.

Gracias al ingenio de Ulises y a aquel gigantesco caballo de madera, los griegos lograron finalmente conquistar la ciudad de Troya.

---

confidencial: que es secreto y no debe ser conocido por otras personas.

asedio: tiempo en el que un ejército rodea un lugar enemigo para que este no pueda salir de allí o recibir ayuda.

Actividades

1. Copia lo que sea verdadero.

- ✓ Los griegos no podían conquistar la ciudad de Troya.
- ✓ Ulises era un valeroso guerrero troyano.
- ✓ Los griegos construyeron un gigantesco caballo de madera.
- ✓ Los troyanos pensaron que los griegos se habían retirado.
- ✓ Los troyanos durmieron tan tranquilos toda la noche.

2. Explica qué hicieron los troyanos cuando creyeron que los griegos se habían retirado.

15 UNIDAD **QUINCE.** NARRACIÓN

Los fantasmas de la Casa Encantada

A Paula le encantaba pasar las vacaciones en el pueblo de sus abuelos. Allí podía moverse con libertad, sin necesidad de que la acompañara ningún adulto. Aunque, eso sí, con la presencia constante de su hermano Ramón, siempre pisándole los talones y repitiendo todo lo que ella decía.

–Ramón, pareces una sombra.

–¿Una sombra? –preguntaba el pequeño.

–Sí, pareces mi sombra. Me sigues a todas partes.

–¿A todas partes?

–Sí, a todas partes. Y deja de repetir todo lo que digo como un loro.

–¿Un loro?

Aquella mañana, Paula había desayunado muy deprisa para ir al encuentro de su pandilla.

–Cariño, bebe más despacio, que te vas a atragantar –le había aconsejado su abuela.

La abuela de Paula era dulce como un algodón de azúcar, tenía la risa contagiosa y olía siempre a hierbabuena. A Paula le encantaba dejarse achuchar por ella. El abuelo, sin embargo, era un poco cascarrabias. Su boca emitía gruñidos constantes bajo un espeso bigote blanco. Pero Paula sabía que debajo de esa máscara refunfuñona se ocultaba un corazón de oro.

Con el último trozo de bizcocho en la boca, Paula salió de casa, seguida, cómo no, por su sombra. La niña daba grandes zancadas para llegar cuanto antes, pero a menudo tenía que pararse a esperar a Ramón.

–Venga, que pareces una tortuga.

–¿Una tortuga?

–¡Sí, una tortuga!

No tardaron mucho en llegar al roble centenario, el lugar donde se citaba la pandilla. Bajo la copa del árbol estaban ya Lolo y Santi, unos gemelos iguales como dos gotas de agua, a los que ni siquiera sus padres lograban distinguir siempre; estaba Julia con Tango, su inseparable perro de aguas, de nariz de trufa; y Milo, que resoplaba constantemente para retirarse el flequillo de los ojos. Solo faltaba Andrea, la **intrépida** del grupo. Pero ya se acercaba por el sendero.

–¡Eh, chicos! –gritó desde lejos–. Tengo un plan fantástico para esta mañana. Vamos a visitar la Casa Encantada.

¿La Casa Encantada? Andrea había perdido la cabeza. Todo el mundo sabía que esa mansión estaba embrujada y que la habitaban **espectros** poco amables. El pueblo entero evitaba pasar por su puerta. La gente tenía miedo hasta de nombrarla. Y ahora se presentaba Andrea, la temeraria, diciendo que iban a visitarla. Desde luego, esa chica tenía menos seso que un mosquito.

intrépida: valiente, audaz.

espectros: fantasmas.

NARRACIÓN. **LOS FANTASMAS DE LA CASA ENCANTADA**

Milo fue el primero en mostrar su desacuerdo, soplando una y otra vez para apartarse el flequillo.

–¡Ah, no! ¡Ni hablar! Yo no pienso entrar ahí –dijo muy serio.

Julia, Paula, Lolo y Santi se le unieron enseguida. Y hasta Tango se puso a ladrar para mostrar también su desacuerdo.

–¡Pues yo pienso ir, aunque sea sin vosotros!

Y Andrea empezó a andar con determinación hacia la misteriosa casa.

¡No podían dejarla sola! La pandilla siempre iba unida a todos lados.

–Espera, Andrea. Pareces una liebre –dijo Paula corriendo tras ella.

–¿Una liebre? –preguntó su hermano.

–Sí, una liebre –respondió la niña cogiéndolo de la mano para que no se quedara atrás.

A Paula la siguió Julia; a Julia, Tango; a Tango, Milo; y a Milo, los gemelos Lolo y Santi.

Conforme se acercaban a su objetivo, el camino se iba tornando oscuro y tenebroso. La vegetación era cada vez más abundante. Las copas de los árboles se entrelazaban y apenas dejaban pasar la luz del sol. Todos miraban a su alrededor **expectantes**. Todos, con el corazón en vilo, temblaban como un flan. Y todos, sin decir esta boca es mía, llegaron por fin a la Casa Encantada.

Se trataba de una mansión enorme, misteriosa, rodeada de cipreses y de silencio.

–Vamos dentro –dijo Andrea con determinación poniéndose en cabeza.

Pero los demás no estaban dispuestos a seguirla. Así que, con disimulo, dieron media vuelta para irse por donde habían venido.

De forma inesperada, el cielo se cubrió de nubes y se desató una violenta tormenta de verano. Relámpagos y truenos se sucedían sin descanso. Empezó a llover con tanta intensidad que se estaban poniendo como sopas.

–¡Vamos a entrar ya! –exclamó Andrea malhumorada–. ¡Nos estamos calando hasta los huesos!

Y refunfuñando entre dientes, el resto de la pandilla la acompañó. ¡Qué remedio quedaba, con la que estaba cayendo!

La puerta principal no estaba cerrada, porque la madera, dilatada por la humedad, impedía que encajase por completo. Tuvieron que empujar con fuerza, pero consiguieron abrirla. Andrea, por supuesto, fue la primera en colarse en el tenebroso salón, lleno de polvo y telarañas. Desde una esquina, una **tétrica** armadura parecía estar vigilándolos.

–Esto no me gusta nada –se quejó Julia.

En ese momento, Tango, al que le temblaban todos los rizos, comenzó a gruñir lastimosamente.

---

expectantes: con interés o curiosidad.

tétrica: oscura y triste; tenebrosa.

NARRACIÓN. **LOS FANTASMAS DE LA CASA ENCANTADA**

Con mucho miedo, pero llenos de curiosidad, los ocho subieron las escaleras dando un respingo cada vez que crujía uno de los escalones. Bueno, los ocho no, porque Ramón se había quedado abajo, observando tranquilamente cómo una araña tejía su tela.

–Corre, Ramón, sube –le gritó Paula–. No te quedes ahí como un pasmarote.

–¿Un pasmarote? –preguntó el niño.

–Sí, un pasmarote –contestó su hermana.

Después de recorrer un larguísimo pasillo, fueron a parar a una enorme biblioteca repleta de estanterías cargadas de libros.

–Uauuuu... –exclamó Julia, a la que le encantaba leer.

–Uauuuu –repitió Ramón, a quien lo que le gustaba era mirar las telarañas que colgaban de las lámparas.

Julia sacó de un estante un libro voluminoso forrado de piel marrón, cubierto de una espesa capa de polvo y, en ese momento, un desgarrador rugido los sacó a todos de su **ensimismamiento**.

–¡Ayyyy! –gritaron a coro dando un salto.

Pero antes de que tuvieran tiempo de salir huyendo, un león con cara asustada asomó su hocico por entre los pliegues de una cortina.

–¿Qui... quiénes sois? –preguntó tímidamente el felino, temblando más que un flan de gelatina.

–¿Y tú? ¿Quién eres tú? –lo interrogó Andrea.

–Yo... so... soy el León Cobarde. Y estoy buscando el reino del mago de Oz para encontrar el valor.

–¡Anda! –dijo Andrea con sorpresa–. ¡Eres uno de los personajes de *El mago de Oz*! Ese libro me chifla.

–Sí, soy yo. Y solo podré seguir mi camino en busca del valor cuando alguien lea mi libro. Pero, claro, como está abandonado en esa estantería desde hace un montón de años..., aquí me tenéis, rodeado de telarañas y de polvo, y más aburrido que una ostra.

No tardó en salir de un rincón un niño pelirrojo, vestido de verde y luciendo un gracioso gorrito picudo con una pluma roja en la punta.

–¡Es Peter Pan! –gritaron a la vez Lolo y Santi.

Sí, sí, Julia lo conocía muy bien. Peter Pan era el protagonista de una emocionante novela.

–¡El mismo que viste y calza! –refunfuñó Peter Pan–. Pero no podré viajar al País de Nunca Jamás hasta que algún niño lea mi libro.

–¿Y yo? –protestó un muñeco de madera de larga nariz–. Yo estoy condenado a ser un muñeco de madera eternamente. ¡Y quiero ser un niño!

–¡Es verdad! –exclamó Paula–. ¡El cuento no sería igual si Pinocho fuese siempre un muñeco!

De las estanterías salieron en un momento montones de personajes de libros: un niño llamado Mowgli, acompañado de unos lobos; un pirata mal encarado llamado John Silver el Largo; un detective de nariz aguileña con capa y sombrero de cuadros…

Todos los personajes estaban tristes y enfadados. Todos pedían a gritos que alguien leyera sus libros para poder continuar sus aventuras.

ensimismamiento: estado en el que alguien está muy concentrado en sus pensamientos.

NARRACIÓN. **LOS FANTASMAS DE LA CASA ENCANTADA**

Julia estaba muy preocupada. ¡Vaya problema!

–¿Cómo podemos echarles una mano? –preguntó finalmente a sus amigos–. Aunque nos pongamos a leer todos a la vez, tardaríamos siglos en acabar con todos los libros de esta biblioteca.

–La solución no es difícil –explicó el espectro del pirata John Silver el Largo–. Solo hay que cumplir el testamento del conde de Liserno.

–¿Qué testamento es ese? –quiso saber Andrea.

–Antes de abandonar este mundo –explicó el pirata–, el conde de Liserno, que era un amante de los buenos libros, decidió legar su más preciado tesoro, su biblioteca, al pueblo de Almadraba. Redactó su testamento y lo guardó en el escritorio. Pero como murió repentinamente, no tuvo tiempo de dárselo a nadie. Así que el testamento sigue metido en el cajón, sin que ninguna persona haya podido leerlo.

–Si vosotros lo cogéis y se lo entregáis al alcalde de Almadraba, los libros de esta casa pasarán a la Biblioteca Pública Municipal –continuó Peter Pan–, y todos los niños y adultos que quieran podrán leerlos.

–Y nosotros viviremos felices y dejaremos de asustar y dar la lata –concluyó el detective Sherlock Holmes, observando el rabo de Tango a través de su famosa lupa.

Efectivamente, en el lugar indicado, los niños encontraron el testamento del conde y, después de despedirse de aquellos simpáticos espectros, corrieron al ayuntamiento para entregar el importante documento al alcalde.

Aquel mismo día, todos los libros de la Casa Encantada fueron transportados a la Biblioteca Pública. Desde entonces, John Silver el Largo, Mowgli, el Capitán Nemo, Sherlock Holmes, Pinocho, el León Cobarde y tantos y tantos personajes literarios se sienten afortunados de poder revivir sus aventuras cada vez que alguien lee sus libros.

Carmen GIL

Actividades

1. Contesta.

- ¿Cómo se llaman los siete miembros de la pandilla?
- ¿Cómo se llama el perro? ¿De quién es?
- ¿Cuál es el nombre del pueblo en el que sucede la historia?

2. Escribe brevemente sobre estos dos lugares de la historia.

El roble centenario.

La Casa Encantada.

3. Explica qué problema tenía cada uno de estos personajes.

El León Cobarde

Peter Pan

Pinocho

4. ¿Cuál era el problema que tenían en común todos los personajes de los libros? ¿Cómo se podía solucionar este problema?

5. ¿Qué decía el testamento del conde de Liserno? Cuenta el final de la historia.

6. ¿Qué personajes de este cuento conocías? ¿Has leído alguno de esos libros? Explica cuál de ellos recomendarías a tus compañeros.

Pinocho

El libro de la selva

El mago de Oz

La isla del tesoro

El molinero y el rey

Hace muchos años, el rey Federico II el Grande construyó en Potsdam, una localidad alemana cercana a Berlín, un gran palacio rodeado de hermosos jardines, fuentes, estatuas colosales y otros impresionantes monumentos.

Nada más trasladarse a vivir allí, el rey se encontró con un problema. Y es que, justo al lado del palacio, había un viejo molino que era propiedad de un hombre llamado Arnold. El molino, además de impedir la ampliación de los jardines del monarca, hacía un enorme ruido cada vez que entraba en funcionamiento.

El soberano, harto de la situación, envió a su secretario para que convenciera al molinero de que le vendiese el molino y se marchara de allí. Pero la respuesta del molinero fue muy clara:

–Señor, dígale a su majestad, de mi parte, que el molino no está en venta.

El rey montó en cólera y, muy decidido, acompañado de un grupo de hombres de su confianza, se fue a ver a Arnold.

–Buen hombre, me han comunicado que no está dispuesto a venderme su molino –dijo el monarca–. Así que, como usted y yo no podemos seguir siendo vecinos, le propongo un nuevo trato. Dígame cuánto me ofrece por mi palacio. Yo se lo venderé y me marcharé a otro sitio.

El molinero bajó la cabeza unos segundos y a continuación respondió:

–Señor, bien sabe usted que yo no tengo dinero suficiente para comprarle su palacio. Pero toda su fortuna no alcanza para comprar mi molino, por la sencilla razón de que no está en venta.

El rey, armándose de paciencia, insistió e insistió de buenas maneras e incluso llegó a doblar el precio que había ofrecido inicialmente al molinero por su molino.

Pero Arnold, muy serio, le dijo:

–Señor, el molino no está en venta, sea cual sea la oferta que me haga. Es el molino que me dejaron mis padres y es el molino que yo quiero dejar a mis hijos.

En aquel momento, el secretario del rey intervino en la discusión:

–¡Arnold, no sea usted impertinente! ¿No se da cuenta de que tiene una magnífica oportunidad de hacer un buen negocio? Además, ¡está usted despreciando la generosidad de nuestro rey!

Entonces, el molinero, con gran seguridad y sin alterarse lo más mínimo, miró al rey y dijo:

–Todavía hay jueces en Berlín.

Todos los presentes se quedaron de piedra ante la osadía de aquel humilde molinero. Por su parte, el rey, muy enojado, se dio la vuelta y echó a andar, dando por zanjada aquella conversación.

Según cuentan, pocos días después el monarca dio la orden de derribar el molino de Arnold. Y así se hizo.

Pero el humilde molinero denunció al rey Federico II el Grande ante los tribunales.

–El rey no puede hacerme esto. En nuestro país hay leyes –exclamó Arnold con lágrimas en los ojos.

Finalmente, los jueces dieron la razón al viejo molinero. El rey tuvo que dar la orden de que se volviese a levantar un molino en el mismo lugar en el que estaba el anterior. Además, tuvo que compensar a Arnold con una buena suma de dinero.

También dicen que, pasado un tiempo, el monarca no solo reconoció su error, sino que se sintió muy complacido del buen funcionamiento de la justicia en su reino. Y tras pedir perdón al molinero por el mal que le había hecho, reunió a toda su corte y dijo:

–He comprobado que contamos con jueces rectos e independientes. Nuestras leyes son justas, y reyes o molineros somos iguales ante la justicia. Me siento orgulloso de ello.

Los allí convocados aplaudieron las palabras del soberano. Luego se retiraron a sus quehaceres con la seguridad de que ni el rey, por muy Federico II el Grande que fuese, tenía poder para cometer una injusticia.

El molino sigue allí. Así que, si alguna vez visitas Potsdam y te acercas a ver el palacio de Sanssouci, podrás admirar, justo al lado, la imponente silueta del molino de Arnold.

Actividades

1. Contesta.

- ¿Cómo se llama el rey que interviene en esta historia?
  ¿Y el molinero?
- ¿En qué localidad sucedieron los hechos que se cuentan en el relato?
  ¿En qué país se encuentra esta ciudad?

2. ¿Por qué le molestaba el molino al rey? ¿Por qué Arnold no quería vender su molino? Explica.

3. Lee, observa y contesta.

- ¿Con quién está hablando el molinero?
- ¿Qué había pasado antes?
- ¿Qué pasó a continuación?

4. Contesta.

- ¿Quién mandó derribar el molino?
  ¿Qué hizo Arnold entonces?
- ¿A quién dieron la razón los jueces?
- ¿Qué tuvo que hacer el rey tras la decisión de los jueces?

5. ¿Crees que esta historia sucedió en realidad? ¿Por qué lo sabes?

6. Inventa y escribe la denuncia que puso el molinero ante los tribunales.

7. Expresa tu opinión acerca de la actuación de estos personajes a lo largo de esta historia.

El rey Federico II el Grande | Arnold

8. ¿Te ha gustado esta historia? ¿Por qué? Explica.

Tumbabarcos

El pirata Tumbabarcos,
con uniforme escarlata,
negro parche sobre un ojo
y de madera una pata,

mira con su catalejo
por si avista algún navío
entre las olas gigantes
del océano bravío.

Luce pluma en el sombrero,
lleva un sable de hojalata,
un pistolón de mentira
y una enorme pipa falsa.

–¡Barco enemigo a la vista!
¡Cañoneros, a sus puestos!
–ordena desde la proa–.
¡Voto a bríos, a su encuentro!

Los barcos están muy cerca,
truenan fuerte los cañones.
–¡Al abordaje! –les grita
Tumbabarcos a sus hombres.

Un loro verde y azul,
amarillo y carmesí,
encaramado en el mástil,
no deja de presumir:

–¡Vengan a mí los cobardes,
vengan a mí los traidores;
soy el loro más pirata
de los piratas mejores!

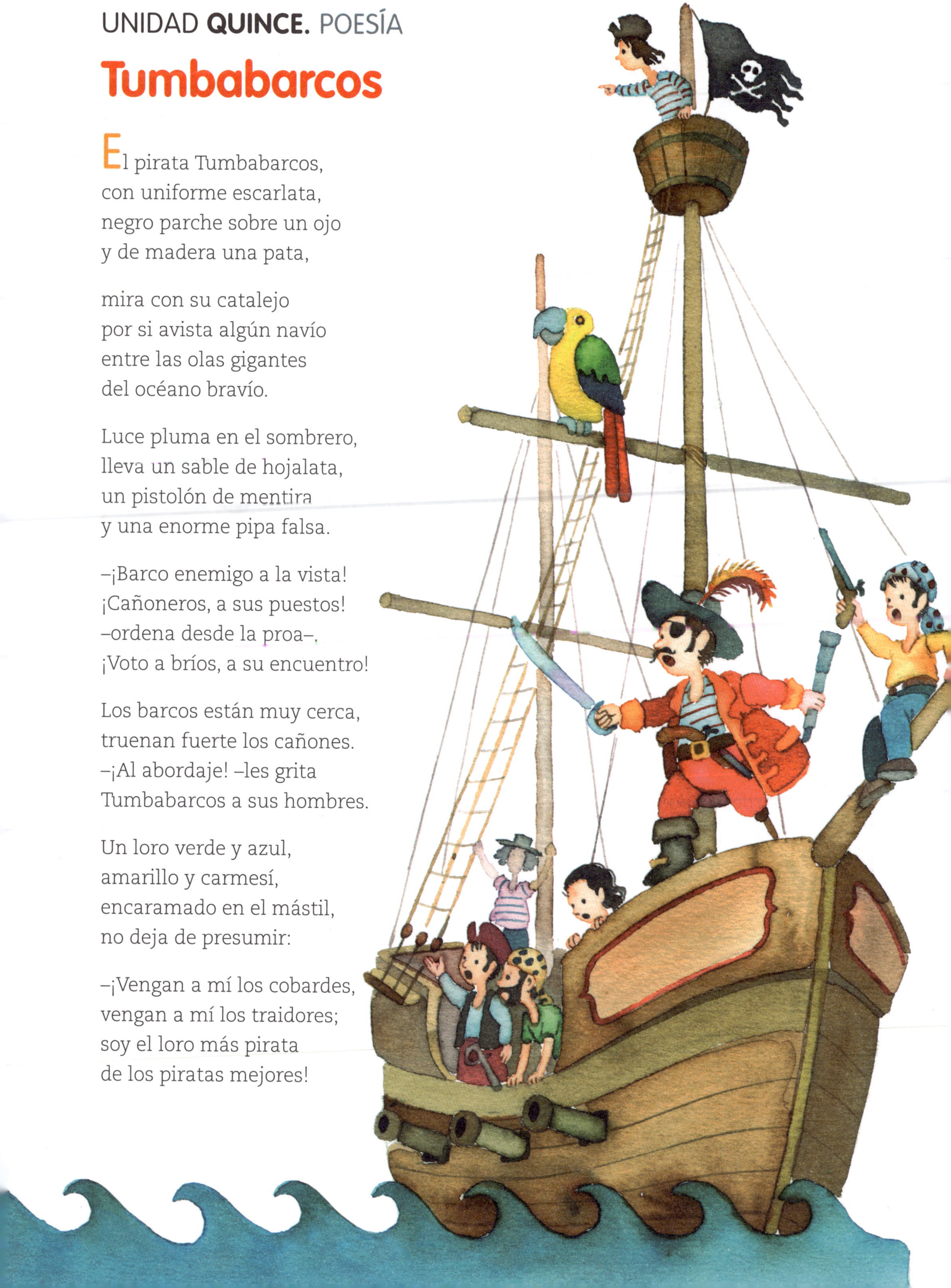

El viento azota las velas,
chocan recias las espadas,
lanzan fuego los cañones
y comienza la batalla.

Sombreros, plumas, plumeros
y disfraces de los chinos,
los piratas que pelean
son todos buenos amigos.

Es la fiesta «fin de curso».
Los padres y los abuelos
aplauden entusiasmados
en el patio del colegio.

Manuel JURADO

Taller

1. **¿Cuál de estos títulos podría servir también para el poema *Tumbabarcos*? Elige y escribe.**

✓ Fiesta de Navidad ✓ Fiesta de Carnaval ✓ Fiesta de fin de curso

2. **Escribe con tus propias palabras lo que se cuenta en el poema y haz un dibujo.**

3. **Copia y completa para alargar el poema.**

disfraz | paz | tercero | velero

Saludos y reverencias...
Y sin quitarse el ________,
todos estrechan sus manos.
¡Así se firma la ________!

Sin bajar del escenario,
los alumnos de ________
son marinos, son piratas
surcando el mar en ________

El beso del dragón

PERSONAJES

- Jimena (dama)
- Mago To
- Alonso (caballero)
- Príncipe Zapatillini
- Rey Patoso
- Berenguela (dama)
- Princesa
- Reina Patosa
- Conde Nado
- Dragón

AMBIENTACIÓN

Salón de un castillo. Al fondo, dos tronos elevados, a los que se asciende por unos peldaños. En la pared, un enorme escudo de armas dividido en dos partes: en una, un pato; en la otra, un oso a dos patas. Además, cualquier elemento propio de un castillo que se quiera añadir.

Todos los personajes vestirán trajes de la época medieval. La princesa será alta y fuerte. Podrá llevar zapatos con plataforma o de tacón y, si es necesario, también rellenos.

El personaje del dragón estará formado por un niño, que irá erguido, al que seguirán varios que caminarán agachados y agarrados por la cintura. Irán cubiertos por una gran tela que será el cuerpo del dragón.

(En escena, los reyes Patosos, sentados en sus respectivos sillones. Ante ellos, JIMENA, que viste túnica y tocado negros; el MAGO TO y BERENGUELA. Cuando los reyes se desplacen, la REINA andará como un pato y el REY, como un oso.)

JIMENA: ¡Ay, qué desgracia más grande!

REY: ¿Por qué os lamentáis, doña Jimena? ¡Si no ha pasado nada malo!

JIMENA: Es la costumbre, majestad. Pero seguro que algo pasará. ¡Ay, qué penita más grande!

REINA: Desde luego, sois de una alegría...

JIMENA: Eso decía mi madre, que en paz descanse.

REINA: No sabía que vuestra madre hubiera muerto.

JIMENA: Y no ha muerto. Es que se ha ido esta semana a descansar al campo. ¿Lo han pillado vuestras majestades?

REY: ¡Cómo no lo vamos a pillar! Los reyes lo pillamos todo.

REINA: Sobre todo los resfriados. Con estas habitaciones tan frías...

MAGO TO: Lástima que no se haya inventado aún la calefacción.

BERENGUELA: Ya empezamos con la adivinación del futuro. Qué asquito de mago...

REY: *(Bosteza.)* ¡Aaah..., qué aburrimiento! Soy el rey y me aburro. Tiene gracia.

MAGO TO: Porque aún no se ha inventado el fútbol.

REINA: Con esto de estar casi en la ruina ya no tenemos dinero ni para dar una fiesta y divertirnos.

REY: ¡Ojalá ocurriera algo que nos sacara de la monotonía y del aburrimiento!

JIMENA: ¡Ay! Seguro que sería algo malo.

(Por un lateral entra el CONDE NADO, se dirige al trono y hace una reverencia. Está excitadísimo.)

REY: ¿Qué os sucede, don Nado?

CONDE NADO: Ocurre algo terrible, majestad. ¡El dragón ha desaparecido!

REY: Se habrá ido con las cotorras. Ya sabéis que se pasan la vida cotorreando y al dragón le gusta mucho el cotilleo.

MAGO TO: ¡Cómo se lo iba a pasar si se hubiera inventado la telebasura!

CONDE NADO: No está con las cotorras. ¡Ha desaparecido del zoo! He puesto a todos los guardias a buscarlo y no lo han encontrado.

REINA: ¿A todos los guardias? Pero si desde que estamos medio arruinados solo tenemos uno..., ¡y no ve ni tres en un burro!

CONDE NADO: Pero lo ha buscado con las manos, tentando por todas partes. ¡Y con lo que pinchan las púas del dragón, lo hubiese notado!

REY: Pues si es así, significa la ruina. Nuestro reino no tiene más ingresos que los del turismo que viene a visitar el zoo.

JIMENA: ¡Ay, qué catástrofe! *(Saca un pañuelo negro y se enjuga las lágrimas.)* Si lo dije, ¿verdad que dije que iba a pasar algo malo? ¡Ay, cuando se entere todo el mundo!

BERENGUELA: Pues yo, para empezar, voy a contárselo a la princesa. *(Sale de escena gritando.)* ¡Princesa..., princesa!

REY: Sin el dragón, único ejemplar en el mundo, a nadie le interesará venir a ver cuatro gallinas canijas, unas cotorras histéricas, una charca con ranas descoloridas y un puñado de palomas indecorosas, que ponen perdidos a los turistas con sus excrementos.

MAGO TO: Ya os dije, majestad, que en lugar de un zoo habría sido mejor montar Disneylandia.

REY: Sigo sin saber qué es eso de Disneylandia.

MAGO TO: Yo tampoco lo sé. Como aún no se ha inventado...

CONDE NADO: Majestades, tenemos que hacer algo para encontrar al dragón y a quienes nos lo hayan robado. Mandaremos al ejército.

REY: ¡Pero si nuestro ejército solo está formado por dos soldados y un general!

(Entra BERENGUELA gritando. Tropieza y va dando traspiés hasta el trono.)

BERENGUELA: ¡Majestades, la princesa ha desaparecido! Uno de los soldados de nuestro glorioso ejército dice que la vio con el dragón

JIMENA: ¡Ay, qué desgracia tan grande!

REY: Empiezo a verlo todo claro: el dragón ha huido y se ha llevado a la princesa. ¡La ha raptado!

REINA: Eso es terrible. ¡Pobre hija mía!

(Entra a la carrera ALONSO, un caballero, que hace una reverencia ante los reyes.)

REY: ¿Quieres decirnos que el dragón ha raptado a nuestra hija? La verdad es que me sorprendería menos que fuera al revés y fuese ella quien hubiera raptado al dragón.

ALONSO: ¡Ahí! ¡Ahí está el asunto!

BERENGUELA: Dejad de quejaros, don Alonso. Eso es exclusivo de doña Jimena.

ALONSO: No digo ¡ay!, sino ahí. La princesa es quien ha secuestrado al dragón.

REY: Lo que había dicho yo. Un rey jamás se equivoca, que para eso es el rey.

CONDE NADO: Bien cierto, majestad.

REY: No me hagáis la pelota, conde Nado, que no os pienso ascender de conde, porque estamos arruinados.

ALONSO: ¡Escúchenme! He hablado con la princesa y me ha pedido que les diga a sus majestades que si quieren recuperar el dragón tienen que...

REY: ¡Cómo! ¿A nosotros nos va a poner condiciones nuestra propia hija? ¡Ja! No quiero ni oírlas. *(Baja la voz.)* ¿Cuáles son esas condiciones?

ALONSO: Solo es una.

REINA: Si solo es una...

MAGO TO: Que le busquen un marido.

CONDE NADO: No digáis tonterías, To.

ALONSO: Es eso, que le busquen un marido.

BERENGUELA: ¡No te fastidia el mago sabihondo este!

ALONSO: Dice que no hay príncipe que se interese por ella y que necesita un marido para que, cuando herede el trono, él sea el rey que vaya a partirse la cara en las batallitas que tanto divierten a los hombres. Y que no devolverá el dragón hasta que vuestras majestades le encuentren un marido como hacen todos los reyes de esta época.

REY: ¡Pues vaya una época!

MAGO TO: Es que todavía no se ha inventado el siglo veintiuno.

REY: Pero es que está difícil. Nuestra querida hija ha salido a la dinastía materna, los Pato, así llamados porque andan igual que un pato mareado. Y a la mía, los Oso, grandes y desgarbados como esos animales. De ahí el nombre de la dinastía que hemos creado con nuestro matrimonio, la de los Patosos. *(Señala el escudo.)* Como puede verse en nuestro escudo de armas.

REINA: Pero si hay que encontrarle un novio, se lo encontraremos. Todo sea por el bien de nuestro reino.

REY: ¿Y de dónde saco yo un marido?

JIMENA: Majestad, ¿y no podrían ser dos?

MAGO TO: ¡Qué faena que no existan aún los grandes almacenes! Cuando los inventen, seguro que venderán maridos.

CONDE NADO: Tengo una idea, majestad.

REY: ¿Una idea un conde?

CONDE NADO: Sí, tengo una idea, aunque parezca increíble. Mi hijo tiene como invitado en mi palacio a un príncipe italiano, el príncipe Zapatillini. La podéis casar con él.

REY: Pero... ¿le gustará mi hija, tan alta y tan grandota?

CONDE NADO: Seguro que sí. Es más miope que vuestro guardia. Cuando llegó a nuestro palacio y fue a saludar a mi esposa, se dirigió al reloj de pared y le dio un par de besos. Le dijo: «Señora, al besarla, he sentido el tictac de su corazón».

REY: ¡Condenado conde Nado! Sois muy astuto. Todo solucionado, al fin tendremos una pareja de herederos. Traed al príncipe. Y vos, don Alonso, a la princesa y al dragón.

(Se hace el oscuro y suena música. Cuando vuelve la luz, están los mismos personajes, más la PRINCESA, que anda como un pato y se mueve como un oso; el PRÍNCIPE ZAPATILLINI, que lleva unas enormes gafas; y el DRAGÓN.)

REINA: Lo que puede hacer una hija para casarse y, así, escaquearse de la guerra.

PRINCESA: Mamá, es que, en la Edad Media, una princesa no puede hacer otra cosa.

MAGO TO: Porque todavía no se han inventado las princesas ejecutivas que se dedican a los negocios.

DRAGÓN: *(Hablará siempre con la zeta.)* ¿Y tiene un *zervidor* que pagar el pato? *Zin* ánimo de ofender, ¿no hay *otraz perzonas* a *laz* que *zecueztrar*?

REY: El asunto está resuelto, hija, te vas a casar con el príncipe Alpargatini.

CONDE NADO: Zapatillini.

REY: Lo que he dicho... El rey no se equivoca nunca. Así que el dragón, al zoo.

DRAGÓN: Yo no me voy *hazta* que me lo ordene la *princeza*. *Ze* lo he tenido que prometer porque *zi* no, me atizaba.

REY: A ver, hija mía, está todo arreglado con el príncipe Zampatillini. Como en su país hay más príncipes que en una biblioteca de cuentos de hadas, nunca podría ser rey. En cambio, aquí lo tiene chupado si se casa contigo.

PRINCESA: ¿Y cuándo llegará ese príncipe?

REY: No llegará, está ya aquí. *(Señala al PRÍNCIPE.)* Hija mía, te presento al príncipe Zarzaparrillini. Príncipe, esta es mi hija y vuestra futura esposa.

PRÍNCIPE ZAPATILLINI: Es un placer conocerla. La besaré como en mi país es costumbre entre prometidos. *(Se dirige con torpeza hacia el DRAGÓN y le propina un sonoro beso.)* Querida...

PRINCESA: ¡Eh! Que estoy aquí...

DRAGÓN: ¡Me ha *bezado*! *(Contento.) Zepan* que *zoy* un dragón encantado y *eztoy zoltero*. Está *ezcrito* que *zi* alguien me diera un *bezo*, yo me *cazaría* con la primera *perzona* a quien *ze* lo devolviera.

(El DRAGÓN avanza hacia el PRÍNCIPE, pero pasa de largo, llega hasta la PRINCESA y, antes de que se dé cuenta, le atiza un sonoro beso. Se hace el oscuro y suena música electrizante, acompañada de varias ráfagas. Cuando vuelve la luz, siguen los mismos personajes, pero la PRINCESA se habrá convertido en una dragona, caracterizada de forma similar al DRAGÓN.)

REINA: ¡Qué horror, en lo que te ha convertido! ¡Vaya un encantamiento!

JIMENA: ¡Ay, qué desgracia!

PRINCESA: ¡Y lo peor es que me ha chafado la boda! ¡A ver quién se casa ahora con una dragona!

DRAGÓN: Yo me *cazo* contigo, que para *ezo zomos loz doz únicoz ejemplarez* del mundo.

PRINCESA: Visto así... *(Lo coge de la mano.)* Pues vale, dragoncito.

REINA: Pero a vivir al zoo. Cuando tengamos dinero, os construiremos allí un palacete.

REY: Todo sea por el turismo. Lo malo es dónde busco yo ahora un sucesor. Con las ganas que tengo de jubilarme...

MAGO TO: Si se hubieran inventado los anuncios, podríamos poner uno bien grande.

REY: Con este mago To, me agoto.

(Suena una marcha nupcial mientras se cierra el telón.)

Fernando ALMENA

Dirección de arte: José Crespo

Proyecto gráfico:
Portada: Pep Carrió
Interiores: Rosa Marín

Ilustración de portada: Puño

Jefa de proyecto: Rosa Marín
Coordinación de ilustración: Raquel Carrasco Ortiz
Desarrollo gráfico: Javier Tejeda, José Luis García
y Raúl de Andrés

Dirección técnica: Ángel García Encinar

Coordinación técnica: Jesús Ángel Muela Ramiro
Confección y montaje: Raquel Carrasco Ortiz
Corrección: Carmen Ríos Collantes de Terán
y Andrés San Miguel Garrocho

Torrelaguna, 60. 28043 Madrid
PRINTED IN SPAIN

ISBN: 978-84-680-1123-3
CP: 367337
Depósito legal: M-7125-2012